KB265950

동아시아미래가치연구소
생명학 CLASS 05

생성형 바이오의 시대:
인공지능과 생명

동 아 시 아
미래가치연구소
생명학 CLASS
05

생성형
바이오의 시대:
인공지능과 생명

성균관대학교
출판부

김용호
지음

기획의 말

오늘날 우리는 '생명'이라는 단어를 자연스럽게 사용하지만, 그 의미를 깊이 성찰할 기회는 많지 않습니다. 근대 과학과 서구적 사유 속에서 정립된 '생명' 개념은 우리 삶에 깊숙이 스며들었지만, 동시에 인간과 자연, 기계와 생명의 경계를 엄격히 구분하는 이분법적 사고를 만들어 냈습니다.

그러나 21세기 들어 기후 위기, 인구 구조의 변화, 첨단 기술의 발전, 인공지능(AI)의 등장과 같은 거대한 전환을 맞이하면서, 기존의 생명관은 더 이상 충분한 설명력이 없음을 드러내고 있습니다. 이제 우리는 다시금 묻습니다.

'생명이란 무엇인가?'

'우리는 생명을 어떻게 이해하고, 어떤 가치를 부여해야 하는가?'

'생명과 생명을 잇는 관계 속에서 돌봄과 책임은 어떤 의미를 가지는가?'

'기술 발전과 함께 생명윤리는 어떻게 변화해야 하는가?'

동아시아미래가치연구소의 "생명학 CLASS" 시리즈는 이러한 질문에 답하고자 기획되었습니다. 본 연구소는 동아시아적 전통 속에서 생명 개념을 탐구하고, 현대 과학기술 및 인문학적 사유를 융합하여 생명의 의미를 재구성하는 시도를 이어가고자 합니다.

본 시리즈 강연록은 다양한 학문 분야의 연구자들이 주축이 되어 학술적, 사회문화적 관점에서 생명을 해석하고, 현대 사회가 직면한 생명 관련 난제들을 조망하는 내용으로 구성됩니다. 특히, 현 사회에서 더욱 중요해지고 있는 '돌봄(care)'과 '생명윤리(bioethics)'의 가치에 주목하며, 생명과 생명 사이의 관계성을 조명합니다.

오늘날 의료 기술의 발전과 유전자 조작, AI와 로봇 기술의 도입, 기후 변화 속에서의 생명 유지 문제는 새로운 윤리적 화두를 던지고 있습니다. 이에 인간 중심의 생명관을 넘어, 모든 생명체와 생태계가 조화를 이루며 공존할 수 있는 방향으로 생명윤리를 재정립할 필요가 있습니다. 돌봄은 단순한 보살핌을 넘어, 인간과 자연, 기술과 사회가 함께 살아가는 방식에 대한 근본적인 성찰이며, 그 안에서 우리는 생명 존중의 실천적 의미를 찾아야 합니다.

이 시리즈를 통해 우리는 근대적 생명관의 한계를 넘어, '돌봄'과 '생명윤리'를 중심으로 자연과 인간, 기술과 생명의 새로운 관계를 모색하고자 합니다. 생명에 대한 철학적, 윤리적, 사회적 논의를 확장함으로써, 보다 지속 가능하고 공생적인 미래를 설계하는 데 기여할 수 있기를 바랍니다.

동아시아의 사유 속에서 생명의 본질, 돌봄의 의미,

그리고 생명윤리의 방향을 다시 묻는 이 여정에 독자 여러분을 초대합니다.

동아시아미래가치연구소

박이진

2025년 10월 15일 수요일 18시~20시
- **강연자**: 김용호(성균관대학교 나노공학과 교수)
- **사회자**: 김진웅(성균관대학교 동아시아미래가치연구소 선임연구원)
- **강연제목**: 생성형 바이오의 시대: 인공지능과 생명

🎙 사회자

안녕하십니까. 반갑습니다.

성균관대학교 동아시아학술원 동아시아미래가치연구소에서 주최하는 〈2025 생명학 클래스〉 제2강의 사회를 맡은 김진웅입니다.

오늘은 2025년 생명학 클래스의 두 번째 시간으로, 〈생성형 바이오의 시대: 인공지능과 생명〉이라는 제목으로 진행됩니다. 강연을 맡아주신 분은 성균관대학교 나노공학과 교수로 재직 중이신 김용호 선생님이십니다.

인공지능 기술이 생명 연구의 방식과 가능성을 빠르

게 확장하고 있는 지금, 이 자리는 우리에게 꼭 필요한 시간이 아닐까 생각합니다. 김용호 선생님께서 어떤 연구를 진행해오셨고, 현재 어떤 주제를 연구하고 계신지에 대해서는 직접 모셔서 말씀을 듣도록 하겠습니다.

그럼, 강연을 바로 청해 듣겠습니다.

생성형 바이오의 시대: 인공지능과 생명

1. 들어가며

🎓 김용호 선생님

지금 우리가 마주하고 있는 핵심적인 키워드는 '생성형 바이오', '인공지능', 그리고 '생명'입니다. 이 세 가지는 현재 우리 사회와 과학기술 전반에서 가장 중요한 화두라고 할 수 있습니다. 예전에는 이 키워드들을 하나의 흐름으로 묶어 생각하기가 쉽지 않았지만, 오늘은 그 역사적 맥락을 중심으로 이야기를 시작해 보려 합니다.

특히 노벨상을 하나의 축으로 삼아, 최근 약 70년간

의 과학사 속에서 생명과학이 어떤 방식으로 발전해 왔는
지를 살펴볼 것입니다. 생명과학 내부의 변화뿐 아니라,
과학 전반과 맞물리며 형성된 흐름을 함께 짚어보면서, 우
리가 지금 어느 방향으로 이동하고 있는지에 대해서도 일
정한 거리에서 생각해 볼 수 있을 것입니다.

이 강의는 개인적인 판단이나 의견을 중심에 두기보
다는, 공학적·의학적 지식을 바탕으로 한 설명에 초점을
둡니다. 다만 그 과정에서 필연적으로 등장하는 복잡한 내
용을 가능한 한 단순화하고, 동시에 그 이면에 놓인 문제
들을 조금은 철학적인 시선으로도 함께 바라볼 수 있는
계기가 되었으면 합니다.

안녕하세요, 강의를 맡은 김용호입니다.

제 개인적인 이력을 간단히 말씀드리면, 저는 부산
출신으로 성균관대학교 화학과를 졸업했습니다. 1994년
졸업 이후 LG화학 대전 기술원에서 근무하면서 배터리
전해액과 대용량 배터리 관련 연구를 진행했습니다. 특히
전기자동차 배터리의 안정성을 높이기 위한 핵심 첨가제
를 개발하는 데 참여했습니다.

Introduction
자기소개

- 1974년 부산 범전동에서 출생
- 부암소등학교, 동평중학교, 동성고등학교

- 2001년 성균관대 화학과 졸업
- 2003년 KAIST 석사 유기화학
- 2005년 LG화학 기술원
- 2011년 University of Pennsylvania 박사, 생화학, 단백질디자인
- 2013년 M.I.T. 박사후연구원,

- 2013년 성균관대 성균나노과학기술원 부임
- 2019년 ㈜아임뉴런 창업
- 2018년 의공학과, 약학대학, 화학과 겸직 교원
- 2022년 성균관대 나노공학과 학과장

Education

2006 - 2011 Ph.D. in Biochemistry
University of Pennsylvania (Upenn), U.S.A.
Research Advisor Prof. William F. DeGrade

2001 - 2003 MA in Organic Chemistry
Korea Advanced Institute of Science and Technology (KAIST), Korea
Research Advisor Prof. Sukbok Chang and Prof. Jinwoo Cheon

1994 - 2001 Bachelor of Science in Chemistry
Sungkyunkwan University (SKKU), Korea
Research Advisor Prof. Young-Uk Kwon

Research Experience

2019 - Present, Associate Professor, Nano Engineering, Sungkyunkwan University, Korea

2015 - 2018, Assistant Professor, Global Biomedical Engineering, Sungkyunkwan University, Korea

2013 - 2014, Assistant Professor, SKKU Advanced Institute of Nanotechnology(SAINT) & Department of Chemistry, Sungkyunkwan University, Korea

2011 - 2013, Post-doctoral Associate, Massachusetts Institute of Technology (MIT), USA

2004 - 2005, Research Scientist, LG Chem Research Park, Korea

현재 우리가 사용하는 휴대전화 배터리에도 이러한 첨가제가 실제로 적용되어 있습니다. 최근 들어 리튬 배터리의 폭발 사고가 현저히 줄어든 데에는, 당시 개발된 첨가제 물질들이 배터리의 안정성을 크게 향상시킨 점이 중요한 역할을 했습니다.

2003년에 입사한 뒤 2년도 채 되지 않아 회사를 그만두고 미국으로 유학을 떠났고, 2005년 펜실베이니아대학교(University of Pennsylvania)에서 박사 과정을 시작했습니다. 이 과정에서 전공을 완전히 바꾸어, 컴퓨터 기반의 컴퓨테이셔널 단백질 디자인(computational protein design)을 연구하게 되었습니다.

이후 2013년 MIT에서 박사후 연구원을 거쳐 같은 해 성균관대학교로 돌아왔습니다. 현재는 나노공학과 학과장으로, 약학대학, 생명공학대학, 화학과, 의공학과 등 네 개 학과에 겸직으로 소속되어 있습니다.

이러한 이력은 한 가지 사실을 분명하게 보여줍니다. 학문은 이미 본격적으로 융합의 단계에 들어섰다는 점입니다. 학과라는 구분은 여전히 존재하지만, 어디에 소속되어 있는가보다는 서로 다른 학문이 어떤 방향을 향해 나아가고 있는지가 더 중요해지고 있습니다. 서로 다른 언어와 방법을 사용하지만, 문제의식과 방향성은 점점 가까워지고 있습니다.

2019년에는 뇌질환 치료를 목표로 하는 바이오 기업을 창업했습니다. 유한양행의 투자를 포함해 약 500억 원 규모의 투자를 유치했으며, 국내 바이오벤처 가운데서도 비교적 큰 규모에 해당합니다.

오늘 강의에서는 이러한 개인적 성과를 전면에 내세우려 하지는 않습니다. 다만 성균관대학교 자연과학 캠퍼스에 조성 중인 연구 센터를 한 가지 사례로만 언급하겠습니다. 약 1,500억 원이 투입되는 이 시설은, 산업과 학문, 기초 연구와 응용 연구가 결합되는 현재의 연구 환경을 상징적으로 보여줍니다.

오늘 말씀드릴 내용은 이처럼 제가 그동안 해왔던 여러 작업들과 직접적으로 연결되어 있습니다. 다만 그 연결 고리는 명시적으로 드러나기보다는, 강의 전반에 걸쳐 하나의 흐름으로 스며들어 있을 것입니다.

다소 어렵게 느껴질 수도 있겠습니다.

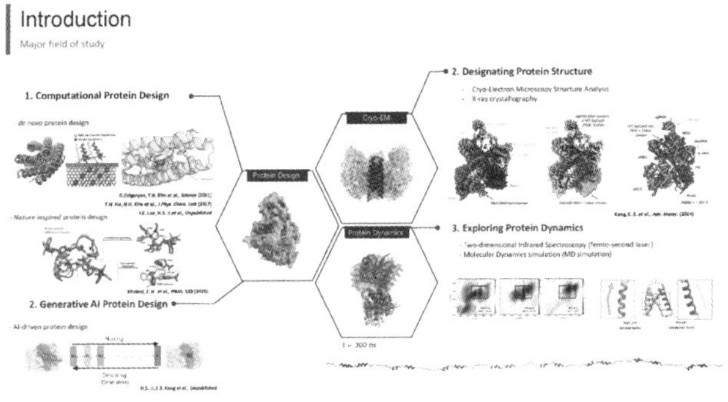

제가 지금 하고 있는 가장 큰 일 가운데 하나는, 컴퓨터를 이용해 방대한 데이터를 분석하고, 그 정보를 바탕으

로 단백질의 구조를 새롭게 설계하고 서열을 만들어내는 일입니다. 이렇게 설계된 단백질을 활용해, 우리 몸에 존재하는 단백질을 기반으로 한 치료제를 개발하는 것이 핵심적인 작업입니다.

조금 단순하게 말하자면, 이 지점에서부터 우리가 흔히 말하는 '무서운 시대'가 시작됩니다. 과거에는 항체 하나를 만들어 치료제로 개발하는 데에 길게는 4년, 5년이라는 시간이 필요했습니다. 그런데 지금은, 저와 같은 방식으로 연구하는 사람들이 등장하면서, 백신까지 포함해 1년 이내에 개발이 가능한 수준에 도달하게 되었습니다. 이 흐름을 결정적으로 가속시킨 계기가 바로 코로나19 팬데믹이었습니다.

코로나 시기를 거치면서 전 세계적으로 엄청난 어려움을 겪었고, 그 과정에서 세계 경제도 크게 흔들렸습니다. 그런데 그때 자본의 흐름이 어디로 향했는지를 보면, 거의 대부분이 인공지능과 생명과학 분야로 집중되었습니다. 알려진 바에 따르면, 현재 미국이 인공지능 분야에 투자한 금액만 해도 '2경' 단위에 이른다고 합니다.

여기에는 분명 위험성도 존재합니다. 자본이 한 곳으로 싱크홀처럼 빨려 들어가고 있는데, 그에 비해 생산성은 아직 충분히 외부로 드러나지 않고 있기 때문입니다. 이러한 구조는 미국 내 통화 문제와 경제적 불안성을 키우는 요인으로 작용했고, 현재 진행 중인 관세 전쟁 역시 이러한 맥락과 무관하지 않습니다.

주가만 보면 인공지능 관련 기업들이 크게 요동치며 성장하는 것처럼 보입니다. 그러나 산업이라는 것은 결국 투자 이후에 실제적인 결과, 즉 아웃컴이 나와야 하고, 생산성이 실질적으로 돌아야 합니다. 현재로서는 그 생산성이 충분히 가시화되지 않고 있습니다. 그럼에도 불구하고 인공지능이 '무섭게' 느껴지는 이유는, 이 분야가 가진 잠재력이 워낙 크기 때문입니다. 지금 우리는 그 잠재력을 둘러싸고 진행되는 치열한 기술 경쟁의 한가운데에 서 있다고 볼 수 있습니다.

단백질 디자인 분야에 있어서는 제가 우리나라 1세대 연구자에 해당한다고 할 수 있습니다. 특히 이를 신약을 개발할 때 실제로 적용하는 연구자는, 현재 한국에서는 손에 꼽을 정도로 많지 않은 것으로 알고 있습니다.

이런 상황이 나타나는 이유 가운데 하나는 시대의 변화 속도가 매우 빠르기 때문입니다. 반도체를 비롯한 여러 산업을 놓고 여러 기관과 함께 국가 산업 구조를 분석해 본 적이 있는데, 그 과정에서 놀라운 사실을 확인했습니다. 우리나라는 제조업 전반의 주요 산업, 즉 반도체·철강·조선·배터리 등의 시장 점유율이 대체로 35%에서 많게는 50%에 이릅니다. 제조업을 이렇게 폭넓게, 처음부터 끝까지 보유한 국가는 세계적으로도 많지 않은데, 대표적인 나라가 미국, 중국, 그리고 대한민국입니다. 이 점은 충분히 자부심을 가져도 됩니다.

삼성과 같은 반도체 제조업을 비롯해, 냉장고·가스레인지·휴대전화, 나아가 석유 산업과 무기 생산까지 아우르는 산업 구조를 갖춘 국가는 사실상 매우 드뭅니다. 그런데 여기서 한 가지 질문을 던져볼 필요가 있습니다. 바이오 산업에서 우리나라의 세계 시장 점유율은 과연 얼마일까요. 놀랍게도 약 1.6%에 불과합니다.

그동안 우리는 공정과 생산, 즉 남이 만들어 놓은 것

을 빠르게 따라잡고 효율적으로 개선하는 데에는 매우 강한 국가였습니다. 그러나 완전히 새로운 혁신 기술, 특히 AI와 같은 영역에서는 상대적으로 뒤처져 있는 것이 현실입니다. 최근 정부 차원에서 AI에 대규모 투자를 지속적으로 강조하는 이유 역시, 이러한 산업 구조의 불균형과 깊이 연결되어 있습니다.

제조업의 경우에도 생산 기지가 점차 해외로 이전되고 있습니다. 향후 10년 정도를 기준으로 보면, 전체 생산의 약 40%가 해외로 빠져나갈 가능성이 높습니다. 이는 기업의 생산성이 당장 급격히 떨어진다기보다는, 국내에 대한 재투자가 줄어들고, 그 결과 일본과 유사한 형태의 디플레이션 위험이 나타날 수 있음을 의미합니다.

이러한 흐름을 극복하기 위해서는 결국 새로운 산업을 열어야 합니다. 그리고 그 핵심이 바로 현재 시장 점유율이 1.6%에 불과한 신약 개발, 생체 소재, 바이오 진단과 같은 분야입니다. 이 산업들이 성장하기 위해 필요한 기반 기술이 무엇인가를 생각해 보면, 지금 말씀드리고 있는 AI기반의 단백질 디자인과 생성형 바이오 기술이 바로 그

토대에 해당한다고 볼 수 있습니다.

2. 1901년 이후, 생명을 이해하는 방식의 변화

이렇게 긴 시간 동안 강연을 하게 될 줄은 저도 미처 예상하지 못했습니다. 보통은 45분에서 50분 정도로 마무리하는 편인데요. 오늘은 조금 길어질 것 같아서, 대신 과학의 역사를 가능한 한 순차적으로, 그리고 조금은 자세하게 설명드리려고 합니다. 이 부분은 쭉 보시면서 따라오시면 좋겠습니다.

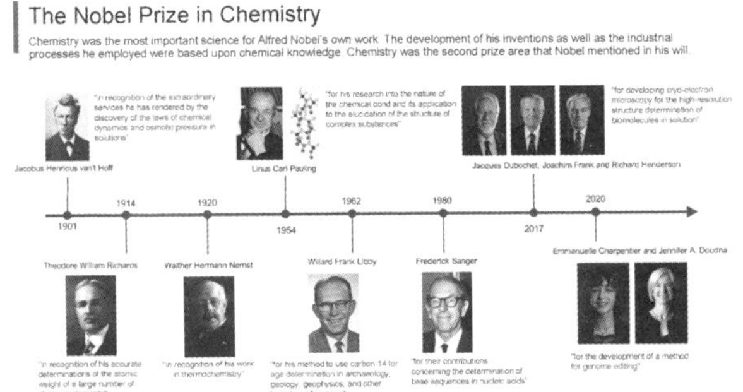

의외로 과학의 역사를 잘 모르시는 분들이 굉장히 많습니다. 제가 여기서 시작 연도로 잡은 해가 1901년인데,

이 시점이 어떤 시대인지 대략 감이 오시죠. 격동의 근대 초입에 해당하는 시기입니다.

이 시기에 등장하는 인물이 바로 야코부스 헨리쿠스 반트호프입니다. 공학 계열 학생들은 열역학이라는 과목을 배우면서 '반트호프 방정식(van't Hoff equation)'을 접하게 되는데, 이 수식은 공학도에게는 거의 훈민정음처럼 자연스럽게 떠오르는, 매우 유명한 식입니다. 이 방정식은 대기 중에 존재하는 물 분자나 공기 분자의 압력과 같은 열역학적 현상을 수학적으로 설명한 것으로, 반트호프는 이 연구를 통해 1901년 노벨상을 받았습니다.

이 사실이 의미하는 바는 분명합니다. 우리가 흔히 생각하듯 과학 지식이 수백 년 전부터 정교하게 축적되어 온 것이 아니라, 실제로 인간이 주변을 구성하는 분자들이 어떻게 생겼고, 어떤 법칙을 따르는지 이해하기 시작한 것은 비교적 최근, 즉 19세기 말 이후의 일이라는 점입니다. 이 무렵부터 비로소 우리는 세계를 구성하는 가장 작은 단위에 대해 체계적으로 사유하기 시작했습니다.

조금 더 뒤로 가보면, 1914년에는 원자량이 정확하

게 규정됩니다. 우리가 익숙하게 알고 있는 주기율표에서 각 원소의 원자량과 분자량이 처음으로 정밀하게 정리된 시점입니다. 이 역시 노벨상으로 이어지면서, 물질 세계를 이해하는 기초가 이때 본격적으로 확립되었다고 볼 수 있습니다.

그리고 이 흐름에서 특히 중요한 전환점이 되는 해가 바로 1954년입니다. 같은 해, 과학사에서는 매우 중요한 인물이 등장합니다. 바로 라이너스 폴링(Linus Pauling)입니다.

폴링은 단백질 연구에서 결정적인 업적을 남긴 과학자입니다. 단백질은 아미노산으로 이루어져 있는데, 이 아미노산들이 어떤 방식으로 서로 연결되어 있는지, 즉 화학적 결합 구조를 처음으로 규명한 사람이 바로 폴링입니다. 오늘 뒤에서 다시 설명하겠지만, 이 연구는 단순히 "결합이 이렇게 생겼다"는 사실을 밝힌 데 그치지 않고, 생명체의 물질적 기반을 이해하는 데 결정적인 단서를 제공했습니다. 그는 이러한 연구 성과로 노벨 화학상을 받았습니다.

그런데 이 인물은 여기서 멈추지 않습니다. 약 3~4년 뒤, 그는 노벨 평화상을 또 한 번 받게 됩니다. 이미 노벨상을 통해 확보한 사회적 영향력을 바탕으로, 핵무기 반대 운동과 반전 운동에 적극적으로 나섰기 때문입니다. 이 대목을 우리가 주목할 필요가 있습니다. 과거의 과학자들은 자신의 연구 성과를 사회적·윤리적 문제와 분리하지 않았습니다. 과학적 역량과 인문학적 소양이 함께 작동하던 시기였다고 할 수 있습니다.

제가 이 점을 중요하게 생각하는 이유도 여기에 있습니다. 특히 인공지능을 개발하는 공학 계열 연구자들이 윤리적·인문학적 성찰 없이 기술 개발에만 몰두할 경우, 기술을 잘 만들고 못 만들고의 문제가 아니라, 사회 전체를 위협하는 '괴물'을 만들어낼 위험이 있습니다. 이는 단지 이론적인 우려가 아니라, 사회와 경제를 실제로 붕괴시킬 수 있는 문제입니다. 최근의 세계 정치 상황을 보면, 그러한 징후들이 곳곳에서 드러나고 있기도 합니다.

그래서 저는 항상 이 페이지를 보여줍니다. 특히 이공계 학생들에게 상대적으로 부족하기 쉬운 소양 가운데 하나가, 자신이 개발하고 연구하는 기술이 어떤 파급력을 갖는지, 그리고 그것이 사회·정치·역사와 어떤 관계를 맺고 있는지를 성찰하는 능력이라고 생각하기 때문입니다.

그러고 나서 조금 더 시간을 따라가 보면, 2017년에 또 하나의 중요한 전환점이 등장합니다. 이 시기에 크라이오 전자현미경, 즉 크라이오-EM(cryo-electron microscopy) 기술이 본격적으로 평가를 받게 됩니다. 유기 분자, 특히 바이러스와 같은 분자를 영하 140도 이하의 극저온 상태에서 얼린 뒤, 그 구조를 해석할 수 있게 만든 전자현미경 기술입니다.

우리가 코로나19 사태를 겪으면서 비교적 짧은 시간 안에 백신을 개발할 수 있었던 배경에도, 바로 이 기술이 중요한 역할을 했습니다. 이러한 공로로 2017년, 자크 뒤보셰(Jacques Dubochet), 요아힘 프랑크(Joachim Frank), 리처드 헨더슨(Richard Henderson) 세 사람이 동시에 노벨 화학상을 수상하게 됩니다.

그리고 2020년에는 또 하나의 인상적인 사건이 이어집니다. 에마뉘엘 샤르팡티에(Emmanuelle Charpentier)와 제니퍼 다우드나(Jennifer A. Doudna), 두 교수는 유전자 편집 기술, 이른바 진 에디팅(gene editing)으로 2012년에

『Nature』에 발표한 논문을 통해 불과 8년 만에 노벨 화학상을 받게 됩니다.

이 지점에서 노벨상을 둘러싼 시간 감각이 달라지기 시작합니다. 흔히 노벨상을 받으려면 20년, 30년의 시간이 필요하다고 이야기하지만, 이제는 그렇지만은 않습니다. 물론 연구의 뿌리는 훨씬 앞선 시점에서 형성되지만, 노벨상을 수상하는 과학자들이 평가받는 주기, 즉 턴오버 사이클은 5년에서 10년 정도로 눈에 띄게 짧아졌습니다. 노벨상의 역사만 놓고 보더라도, 과학의 변화 속도가 얼마나 가속되고 있는지를 확인할 수 있습니다.

더 거슬러 올라가 보겠습니다. 1954년에야 비로소 우리는 단백질의 구조를 조금씩 이해하기 시작했습니다. 그리고 그보다 조금 앞선 1952년에는, 잘 알려진 제임스 왓슨(James D. Watson)과 프랜시스 크릭(Francis Crick)이 DNA 이중 나선 구조를 제시합니다. 다시 말해, 우리가 유전체와 단백질을 본격적으로 이해하기 시작한 역사는 불과 70여 년에 지나지 않습니다. 흔히 상상하는 것처럼 아주 오랜 시간 축적된 지식이라고 보기는 어렵습니다.

제가 박사 과정을 보냈던 펜실베이니아대학교는, 여러분이 알고 계신 최초의 전자식 컴퓨터 에니악(ENIAC)이 만들어진 곳이기도 합니다. 제가 소속돼 있던 학과만 보더라도 노벨상 수상자가 일곱 명이나 있었고, 학교 전체로 보아도 미국 내에서 손꼽히는 연구 중심 대학입니다. 그런 환경에서 지내면서 인상 깊었던 점은, 그 사람들이 노벨상을 목표로 움직이고 있다는 느낌이 아니라, 지적 호기심을 가진 사람들과 끊임없이 소통하면서 긴 호흡으로 사고하고 있다는 점이었습니다.

반면 우리는 늘 일정과 성과에 쫓기는 구조 속에 놓여 있습니다. 시험을 더 잘 봐야 하고, 결과를 더 빨리 내야 하고, 학생들에게도 그런 압박을 자연스럽게 전달하게 됩니다. 그런데 노벨상 수상자들의 이력을 차분히 들여다보면, 일정한 여유 속에서 깊이 사고할 수 있는 환경이 있었고, 그 안에서 아무도 예상하지 못했던 질문을 던지고, 창의적인 시도를 이어갔다는 공통점을 발견하게 됩니다. 결과만 놓고 보면 수상까지의 기간은 생각보다 짧은 경우도 많습니다.

이런 맥락에서 이공계 학생들을 바라보며 자주 떠올리게 되는 생각이 있습니다. 지식을 계속해서 축적하는 방식의 교육이 과연 어떤 결과로 이어지는가 하는 문제입니다. 특히 인문학적 논의와 충분히 접속되지 못한 상태에서는, 학문과 기술을 다루는 시야가 한쪽으로 치우칠 가능성도 있습니다.

성균관대학교의 경우를 예로 들면, 인문사회과학 캠퍼스와 자연과학 캠퍼스가 물리적으로 떨어져 있습니다. 그로 인해 자연과학 쪽에서는 인문학적 논의가, 인문사회 쪽에서는 이공학적 감각이 상대적으로 약해질 수 있는 구조가 형성됩니다. 이러한 조건 속에서는, 의도하지 않더라도 한쪽만 발달한 인재가 만들어질 여지가 생깁니다.

그래서 결국 교류가 중요해집니다. 이공계 교수가 과학적 지식과 함께, 지금까지 접해보지 못한 질문과 관점을 전달해야 하는 이유이기도 합니다. 동시에 자연과학 캠퍼스 안에서도 인문학 강의가 더 많이 생성될 필요가 있습니다. 오늘도 교수님들과 바로 이런 이야기를 나눴습니다.

학생들을 가르칠 때 우리는 흔히 더 많은 내용을 전

달하려고 합니다. 그러나 때로는 이렇게 한 페이지를 놓고, 스스로 사고한 대로 답을 찾아오게 하는 방식이 훨씬 깊은 학습으로 이어질 수 있습니다. 이 페이지 하나만 보더라도, 예컨대 라이너스 폴링의 삶을 따라가다 보면, 그 안에 얼마나 많은 층위의 이야기가 숨어 있는지를 자연스럽게 마주하게 됩니다. 저는 그런 지점들을 학생들에게 전하고 싶습니다.

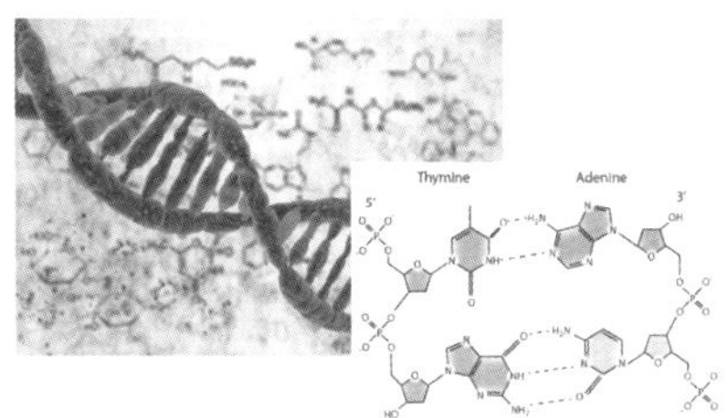

Historical overview of biotechnology and its advancements

(1953) Discovery of DNA Structure and Function: Watson and Crick

The discovery in 1953 of the double helix, the twisted-ladder structure of deoxyribonucleic acid (DNA), by James Watson and Francis Crick marked a milestone in the history of science and gave rise to modern molecular biology, which is largely concerned with understanding how genes control the chemical processes within cells.

이제 과학의 역사가 이렇게 전개되어 왔다는 점을 살펴봤는데, 앞에서 하나 빠뜨린 중요한 지점이 있습니다. 바로 1953년에 DNA의 이중 나선 구조가 규명되었다는 사실입니다.

지금은 'DNA 하면 이중 나선'이라는 말이 너무나 당연하게 들립니다. 유전체가 이중 나선 구조로 정보를 보존하고 있다는 것은 누구나 알고 있는 지식처럼 느껴집니다. 그런데 이 사실을 인류가 알게 된 것이 불과 70년 전의 일입니다. 그전까지는 유전체가 다음 세대로 어떻게 그렇게 정확하게 전달되는지, 아무도 이해하지 못하고 있었습니다.

이를 영어로는 complementary라고 하고, 한국어로는 '상보적(相補的)'이라고 부릅니다. 예를 들어 아데닌(A), 티민(T), 사이토신(C), 구아닌(G)이라는 유전 정보가 있을 때, A는 T와, C는 G와 서로 짝을 이룹니다. 원본 정보가 있으면, 그에 정확히 대응하는 정보가 생성되는 방식입니다. 영어로 표현하자면, 원본을 그대로 스크라이브해서 카피를 뜨는 것과 비슷합니다. 우리 유전체 역시 아버지, 할아버지로부터 계속해서 이렇게 복사되어 내려온다는 이야기입니다.

그런데 중요한 점은, 이 과정에서 미세한 변화가 생긴다는 사실입니다. 아버지의 모습과 제 모습이 완전히 같지 않은 것처럼 말입니다. 제 경우를 예로 들면, 첫째 아이는 저를 많이 닮았고, 둘째 아이는 전혀 다른 성향을 보이기도 합니다. 심지어 음식 취향에서도 그런 점이 드러납니다. 저는 마요네즈를 전혀 먹지 못하는데, 아이들도 따로 가르친 적이 없음에도 같은 반응을 보입니다. 이런 사례를 통해 보면, 유전이라는 것이 얼마나 강력하게 작동하는지 실감하게 됩니다.

그렇다면 질문이 생깁니다. 이 정보는 도대체 어떻게 저장되고, 어떻게 이렇게 정확하게 복사되는 걸까요. 겉으로 보면 유전체는 복잡한 3차원 구조처럼 보이지만, 핵심은 그 구조 자체에 있습니다.

유전체를 하나의 정보 덩어리라고 생각해 봅시다. 이것을 복사하려면, 단순히 그대로 베껴서는 안 됩니다. 우리가 도장을 찍을 때를 떠올리면 이해가 됩니다. 양각을 찍으면 음각이 나오고, 그 음각을 다시 찍어야 원래의 양각이 나옵니다. 즉, 중간에 '템플릿' 역할을 하는 구조가 반드시 필요합니다. 상보적인 구조가 없으면, 정확한 복사가 불가능합니다.

DNA는 바로 이 조건을 충족합니다. 한쪽 가닥에 정

보가 있으면, 그에 대응하는 다른 가닥이 만들어지고, 다시 그 가닥을 복사하면 원본과 동일한 정보가 나옵니다. 만약 이 구조가 이중 나선이 아니라, 예를 들어 삼중 구조처럼 되어 있었다면 이런 복사는 불가능했을 것입니다. 구조적으로 대응할 수 있는 방식이 사라지기 때문입니다. 또한 이중 나선 구조는 외부의 화학적 공격으로부터 정보를 보호하는 데에도 유리합니다.

여기서 더 흥미로운 점은, 아데닌과 티민, 구아닌과 사이토신이 서로 결합할 때 형성되는 수소 결합의 수가 각각 두 개와 세 개로 다르다는 사실입니다. 이 차이는 에너지적으로 보면 거의 미묘한 수준에 불과하지만, 유전체는 이러한 차이를 구조와 화학적 결합으로 인식하고 정보를 안정적으로 보존합니다.

복사 과정의 정확성도 놀랍습니다. DNA가 복제될 때 발생하는 오류율은 10만 분의 1보다도 낮습니다. 속도 또한 매우 빠릅니다. 초당 수십에서 수백 개의 염기가 정확하게 복사됩니다. 인간이 아무리 빠르게 타자를 친다 하더라도 따라갈 수 없는 수준입니다.

자연은 이렇게 정교한 구조를 통해, 매우 빠른 속도와 높은 정확도를 동시에 유지합니다. 특히 성장기처럼 세포 분열과 분화가 활발히 일어나는 물리적으로 불안정한 환경 속에서도, 유전 정보는 끊임없이 정확하게 전달됩니다.

그래서 1953년, 이 이중 나선 구조가 처음 제시되었을 때, 뛰어난 과학자들은 이 구조 하나만으로도 유전체가 어떻게 보존되고 전달되는지 이해할 수 있었습니다. 이 발견으로 제임스 왓슨과 프랜시스 크릭은 노벨상을 받게 됩니다.

그런데 이 DNA 이중 나선 구조의 역사에는, 제가 아까 다 말하지 못한 또 하나의 중요한 맥락이 있습니다. 바로 1950년대 과학계에서 존재했던 남녀 과학자 간의 차별 문제입니다. 당시에는 여성 과학자에 대한 차별이 매우 심했던 시기였습니다.

이 과정에서 반드시 언급해야 할 인물이 있습니다. 로절린드 프랭클린(Rosalind Franklin)입니다. 프랭클린은 로런스 버클리 연구소(Lawrence Berkeley Laboratory)가 아니라, 영국 킹스 칼리지 런던(King's College London)에서 X선 회절

(X-ray diffraction)을 이용해 DNA 구조를 연구하던 과학자였습니다. 실제로 DNA의 나선 구조를 보여주는 결정적인 X선 회절 사진을 가장 먼저 얻은 사람이 바로 프랭클린이었습니다.

당시 프랜시스 크릭과 제임스 왓슨은 주로 계산과 모델링을 중심으로 연구를 진행하던 사람들이었습니다. 초기에는 DNA 구조를 삼중 나선으로 가정하는 모델을 제시하기도 했습니다. 그러나 이 모델은 기능적으로도, 구조적으로도 성립하기 어려운 점이 많았습니다.

문제는 이 지점에서 발생합니다. 프랭클린이 확보한 X선 회절 데이터가, 그녀의 동의 없이 상사를 통해 왓슨과 크릭에게 전달됩니다. 그 데이터를 본 순간, 이중 나선 구조가 훨씬 더 설득력 있다는 점이 명확해졌고, 이후 계산을 통해 구조를 정리한 논문이 비교적 짧은 시간 안에 『Nature』에 발표됩니다.

이 과정은 오늘날의 기준에서 보면 분명히 많은 논쟁을 낳을 수밖에 없는 사례입니다. 다만 당시에는 연구 데이터의 소유권이나 연구 윤리에 대한 인식이 지금처럼 명확하게 정립되어 있지 않았던 것도 사실입니다. 결과적으로 1953년, 이중 나선 구조에 대한 논문이 발표되면서 DNA 구조에 대한 이해는 급격히 진전됩니다.

안타깝게도 로절린드 프랭클린은 이후 암으로 사망하게 됩니다. 노벨상은 생존한 사람에게만 수여된다는 원칙이 있기 때문에, 결국 DNA 이중 나선 구조와 관련된 노벨상은 왓슨과 크릭, 그리고 모리스 윌킨스(Maurice Wilkins)에게 돌아가게 됩니다. 프랭클린의 이름은 오랫동안 그 공로에 비해 충분히 조명받지 못했습니다.

다만 지금은 분명히 시대가 많이 달라졌습니다. 과학계 내부에서도 연구 윤리와 공로 인정에 대한 기준이 크

Historical overview of biotechnology and its advancements

Pauling was awarded the Nobel Prize in Chemistry in 1954

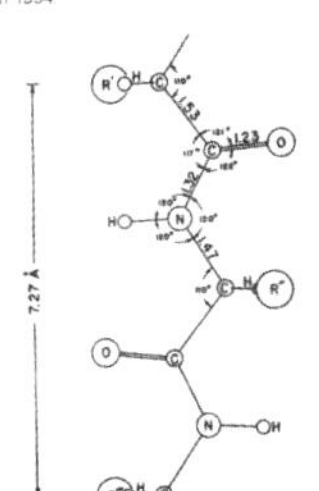

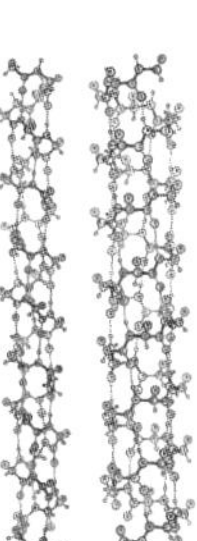

게 변화했고, 여성 과학자들의 역할과 기여 역시 점점 더 분명하게 조명되고 있습니다.

자, 아까 말씀드린 라이너스 폴링이라는 인물은 노벨상을 두 번 받은 과학자입니다. 이 사람은 제가 앞에서 보여드린 것처럼, 탄소(Carbon), 산소(Oxygen), 질소(Nitrogen)로 이루어진 화학적 구조를 처음으로 체계적으로 규명했습니다.

여기 그림에 보이는 숫자들, 예를 들어 1.2, 1.4 같은 값들이 무엇을 의미하는지 아십니까. 이것은 결합 길이입니다. 단위는 옹스트롬(Å, angstrom)으로, 나노미터의 10분의 1에 해당하는 거리입니다. 굉장히 짧은 거리입니다. 그런데 우리 몸은 바로 이런 탄소, 질소, 산소로 이루어진 결합 구조들로 구성되어 있습니다. 흔히 말하는 '유기물'에서 유기라는 말이 가리키는 것도 바로 이런 구조입니다.

폴링은 이러한 화학적 결합 구조를 규명함으로써 노벨 화학상을 받습니다. 그리고 이 작업을 기점으로, 생명과학에서는 또 하나의 중요한 개념이 등장합니다.

바로 '센트럴 도그마(central dogma)'입니다. 이 개념이

Severo Ochoa, Har Khorana, & Marshall Nirenberg

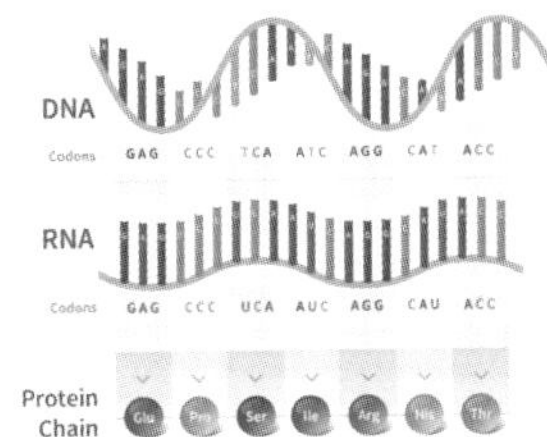

정식으로 자리 잡은 시점이 1960년대입니다. 우리나라로 치면 산업화와 정치적 격변을 겪고 있던 시기인데, 같은 시기에 과학의 역사에서는 매우 큰 변화가 일어나고 있었습니다.

이 흐름을 이끈 과학자들이 바로 세베로 오초아(Severo Ochoa), 마셜 니런버그(Marshall Nirenberg), 하 고라나(Har Gobind Khorana)와 같은 인물들입니다. 이들은 자연에 존재하는 단백질이 20개의 아미노산으로 구성되어 있으며, 그 정보의 흐름이 DNA에서 RNA로, RNA에서 단백질로 이어진다는 사실을 밝혀냅니다.

이 부분은 굉장히 중요합니다. 과학 시간에 반드시

배우게 되는 내용이기도 합니다. 정보의 흐름은 기본적으로 DNA가 RNA로 바뀌고, RNA가 단백질로 번역됩니다. 이 방향이 핵심입니다.

물론 예외적인 경우도 있습니다. DNA가 DNA를 복제하는 과정도 존재합니다. 이 현상을 영어로는 replication이라고 부릅니다. 한국어로는 '복제'입니다. 다시 말해, 원본을 그대로 하나 더 만들어내는 과정입니다.

또 하나 중요한 개념이 있습니다. DNA의 정보가 RNA로 옮겨지는 과정을 transcription이라고 부릅니다. 이 단어가 흥미로운데, 미국에서 '트랜스크립'이라는 말은 성적표를 뜻하기도 합니다. 성적표라는 것은 원본 기록을 학교가 보관하고, 필요할 때마다 사본을 발급해 주는 것이죠. 바로 그 의미와 같습니다. 원본은 그대로 두고, 필요할 때마다 사본을 만들어 사용하는 과정이 바로 트랜스크립션입니다.

트랜스크립션이라는 단어는 한국말로 하면 '전사(轉寫)'라고 번역됩니다. 다만 저는 학부 시절에 이 내용을 한국어로 배우지 않았습니다. 전부 영어 원어로 배웠기 때문에, 한국어 표현은 따로 공부를 해야 했습니다.

그리고 RNA가 단백질이 되는 과정은 무엇이냐 하면, 여기서 중요한 점이 하나 있습니다. 여기까지는 유전체입니다. 유전체, 즉 제네틱스(genetics)의 영역입니다. 그런데 RNA에서 단백질로 넘어가는 순간, 완전히 다른 물질로 넘어갑니다. 물질 자체가 다릅니다.

이걸 우리가 일상적인 비유로 생각해 보면 이해가 됩니다. 한국 사람이 미국 사람에게 말을 하려면 무엇이 필요합니까. 바로 번역입니다. 이 과정이 바로 트랜스레이션(translation), 번역입니다. 미국 사람들, 유럽 사람들은 이 단어를 쓰면서 과학의 역사를 만들어 왔기 때문에 이 개념이 비교적 직관적으로 들어옵니다. 그런데 '전사'라고 하면 한국어로는 바로 감이 오지 않는 경우가 많습니다.

이제 다른 비유를 하나 들어보겠습니다. 팔만대장경을 생각해 보세요. 원본이 하나 있는데, 그것을 계속해서 사본으로 만들면, 어느 것이 진짜고 어느 것이 가짜인지 구분하기가 어려워집니다. 그렇다면 우리 몸에서 유전체를 계속 그렇게 복사만 한다면 어떤 일이 벌어질까요. 바로 변이가 생깁니다. 영어로는 뮤테이션(mutation)이라고 합니다. 사본에 흠이 생기기 시작합니다. 그러면 그다음 세대에서는 이게 진짜인지, 원본이 무엇인지 헷갈리게 됩니다.

그런데 자연은 이 문제를 굉장히 독특한 방식으로 해결합니다. 원본은 보존합니다. DNA는 그대로 두고, RNA는 사본으로만 사용합니다. 이 사본인 RNA는 몸 안에서 비교적 빠르게 분해됩니다. 즉, 오래 남아 있지 않습니다.

이 지점에서 여러분이 잘 알고 있는 mRNA(메신저 RNA), 마이크로 RNA 같은 기술들이 파생됩니다. RNA는 분해가 빠르기 때문에 생체 내에서 오래 남지 않습니다. 그래서 생분해성이 빠릅니다. 이 특성을 이용해서 RNA를 나노 입자로 감싸 전달하는 방식이, 바로 지금 우리가 사용하고 있는 백신 기술입니다.

이해하셨죠? 핵심은 RNA입니다. 그리고 이 RNA가 단백질로 번역되는 과정에는, 실제로는 굉장히 많은 단백질들이 함께 관여합니다. 그 과정까지는 오늘 자세히 설명 드리지는 않겠습니다. 다만 전사 과정과 번역 과정을 거친다는 사실이 밝혀졌고, 이 흐름을 규명한 공로로 노벨상이 수여됩니다. 여기까지는 기초 지식의 영역입니다.

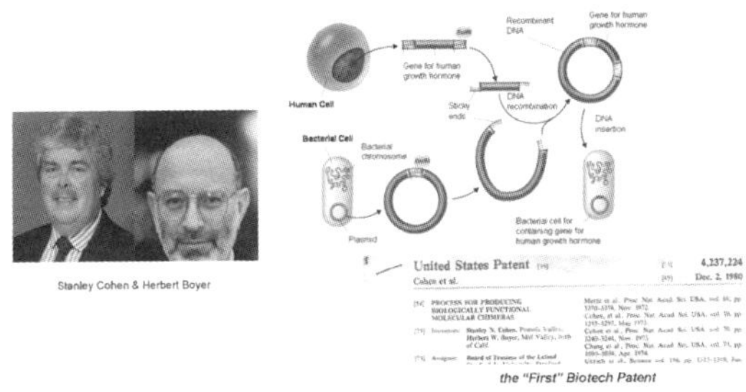

그다음 단계에서는 사람들이 이렇게 생각하기 시작합니다. 여기서 멈추지 말고, 이제 이걸 가지고 무엇을 할 수 있을까. 즉, 이해하는 데서 끝나는 것이 아니라, 이용하는 단계로 넘어가게 됩니다.

유전자 재조합 단백질 기술의 등장이지요. 사실 그 시초는 바로 여기에 있습니다. 유전자를 재조합해서 단백질을 만들려고 할 때, 사람 세포나 포유류 세포를 그대로 사용하면 문제가 생깁니다. 포유류 세포는 성장 속도가 느리기 때문에, 생산을 하려면 시간이 굉장히 오래 걸립니다. 보통 한 달 이상이 걸립니다.

그런데 우리 주변에는 미생물이 있습니다. 미생물은 성장 속도가 매우 빠릅니다. 그래서 이 기술은 미생물의 유전자를 활용하는 방향으로 발전하게 됩니다.

미생물의 유전체를 열어 보면, 우리가 흔히 염색체, 즉 크로모좀(chromosome)이라고 부르는 구조가 선형으로 연결돼 있는 것이 아니라, 원형으로 이어져 있습니다. 오늘 염색체에 대한 자세한 설명은 하지 않겠습니다. 그 이야기까지 들어가면 생명학 강의가 되어버리기 때문입니다. 이렇게 미생물이 가진 유전체를 우리는 벡터(vector)라고 부릅니다.

미생물은 개체가 매우 빠르게 증식합니다. 여기에 특정 효소를 사용해서, 유전체의 원하는 위치를 정확히 인식한 뒤 잘라냅니다. 그리고 외부에서 내가 설계한 유전체 서열을 그 자리에 삽입합니다. 그러면 재조합된 유전체가 만들어집니다.

이렇게 만들어진 유전체를 다시 세포 안에 넣어주면,

그 유전 정보를 가진 단백질이 생성됩니다. 이 과정이 바로 분자생물학 핵심입니다. 이 기술은 이후 더 발전해서, 오늘날에는 합성 생물학으로 이어지고 있습니다.

또한 상당히 큰 변화를 가져옵니다. 어떤 변화냐 하면, 우리가 필요한 단백질을 더 이상 식물 세포나 동물 세포에서 대량으로 배양해 추출할 필요가 없어졌다는 점입니다. 예전에는 세포를 배양하고, 배양하고, 또 배양해서 아주 적은 양의 단백질을 얻어야 했습니다.

이제는 방식이 달라집니다. 그냥 키우면 됩니다. 우리가 원하는 단백질의 유전자를 넣어주면, 세포가 알아서 그 단백질을 만들어냅니다. 대표적인 예로 인슐린이 있습니다.

또 다른 예를 들면, 여성분들이 많이 알고 계신 EGF(Epidermal Growth Factor)라는 단백질이 있습니다. 피부에 바르면 활성 효과가 나타나는 단백질입니다. 이 단백질의 가격이 어느 정도일 것 같습니까? 그램당 수억 원 수준입니다. 이런 단백질은 화학적으로 합성하는 것이 사실상 불가능합니다. 세포에서 직접 추출하면 극소량만 나오기 때문에 더 비싸집니다.

그런데 이 단백질을 미생물을 이용해 생산할 수 있게 됩니다. 미생물에 영양분을 공급하면서, 내가 설계한 유전자를 넣어주면, 미생물이 그 단백질을 계속 만들어냅니다. 이후에는 미생물을 제거하고, 원하는 단백질만 분리·정제해서 사용합니다. 우리가 먹거나, 바르거나, 치료에 사용하는 방식입니다.

이 방식으로 성장한 대표적인 기업이 바로 제넨텍 (Genentech)입니다. 단백질 제제 산업의 초기 모델을 만든 회사라고 볼 수 있습니다. 현재 시가총액이 어느 정도인지 정확히 말하기는 어렵지만, 매우 큰 규모의 기업으로 성장했습니다.

이 회사가 처음으로 상용화한 대표적인 제품이 인슐린 제제입니다. 이 일이 일어난 시점이 1970년대 초반입니다. 저는 1974년생인데, 1973년에 이와 관련된 역사적인 성과로 노벨상이 수여됩니다. 이 시기를 기점으로, 우리는 항체, 백신과 같은 생물의약품을 본격적으로 생산할 수 있는 기반에 들어서게 됩니다.

여기 보시면 특허 하나가 등장합니다. 'First Biotech Patent', 즉 최초의 바이오테크 특허입니다. 이 특허가 만들어낸 경제적 가치는 어느 정도였을까요. 당시에는 상상하기 어려운 규모였을 것입니다. 이 기술을 개발한 사람들은, 그 이후 여러 세대를 거쳐서도 영향을 미칠 만큼의 기반을 마련하게 됩니다.

일화 하나를 말씀드리겠습니다. UCSF(University of California, San Francisco)라는 아주 좋은 학교가 있습니다. 샌프란시스코 베이 지역에 위치한 학교입니다. 방금 말씀드린 제넨텍이라는 회사가 바로 이 지역에서 만들어졌습니다.

제넨텍은 원래 교수였던 사람이 회사를 설립한 사례입니다. 회사가 워낙 크게 성장하면서 결국 교수직을 그만두게 됩니다. 그런데 이 과정에서 문제가 하나 발생합니다. 아까 말씀드린 세포주, 즉 유전자 자원을 학교에서 가져와 사용한 사실이 나중에 UCSF에 알려지게 됩니다. 그 결과 학교가 소송을 제기합니다.

소송 규모가 당시 기준으로 약 2조 원에 달했습니다. 결국 회사가 패소하게 되지요. 지금 샌프란시스코에 있는 제넨텍 본사를 가보시면, 굉장히 큰 홀이 하나 있습니다. 그 건물은 이 사건 이후, "우리가 건물도 지어주고, 일정 부분은 배상하겠다"는 합의의 결과로 세워진 것입니다. 이 사건을 계기로 미국에서는 기술과 연구 성과에 대한 특허 개념이 매우 엄격하게 정립되기 시작합니다. 기술이 누구의 것이며, 어떻게 보호되어야 하는지에 대한 기준이 분명해진 시점이기도 합니다.

이렇듯 미국은 과학의 역사 속에서 여러 사건과 논쟁을 거치면서, 특허 기술을 어떻게 다뤄야 하는지, 그리고 그것이 사회에 어떤 영향을 미치는지에 대해 지속적으로 고민해 왔습니다. 유전자 편집 기술 역시 마찬가지입니다. 어떻게 소유하고, 어떻게 관리하고, 어디까지 허용할 것인지에 대한 논의가 함께 진행되어 왔습니다. 반면 어떤 나라들은 국가 차원에서 무작정 사용하거나, 혹은 민간에 쉽게 노출시키는 방식으로 접근하기도 합니다.

어쨌든 중요한 역사적 전환점은 이 시기에 시작됩니다.

그리고 여기서 또 하나의 흐름이 등장합니다. 모든 것을 실험만으로 확인하는 데에는 한계가 있기 때문에, 시

뮬레이션이라는 방법이 본격적으로 등장합니다. 실제로 존재하지 않거나, 직접 관찰할 수 없는 단백질 구조 변화들을 컴퓨터로 계산하고 예측하는 방식입니다.

이와 관련된 연구로 노벨상이 수여됩니다. 이때 사용된 것이 바로 슈퍼컴퓨팅 기술입니다. 병렬 연산이 가능한 컴퓨터들을 활용해, 우리가 눈으로 볼 수 없는 미시 세계에서 단백질이 어떻게 거동하는지를 시뮬레이션하는 기술입니다. 이 연구는 약 30년 전에 시작되었지만, 노벨상은 2013년에 수여됩니다.

앞에서 말씀드린 크라이오 전자현미경 기술은 2017년에 노벨상을 받게 됩니다. 이 과정에서 개인적으로

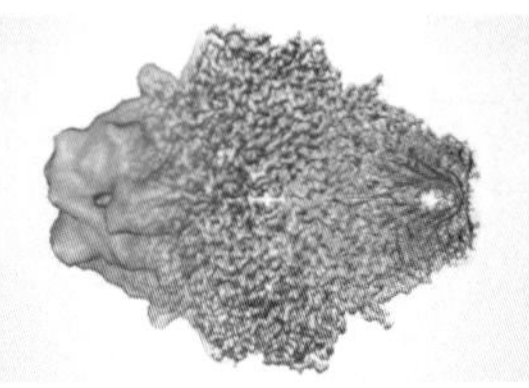

도 하나 말씀드릴 부분이 있습니다. 여기 계신 요아힘 프랑크(Joachim Frank) 교수와의 인연입니다. 이분은 한국에서 성균관대학교에 크라이오-EM 센터를 구축을 발의하는 데 중요한 역할을 한 분입니다. 그 과정에서 제가 상당한 기여를 했고, 약 120억 원 규모의 투자가 이루어졌습니다.

지금 성균관대학교 자연과학 캠퍼스에 가시면 초저온 전자현미경이 실제로 설치돼 있습니다. 장비 높이가 사람 키의 두 배 정도 되는 대형 장비로, 극저온 상태에서 단백질을 얼려 구조를 분석하는 장비입니다. 사립대학으로서는 최초였고, 서울·경기권에서도 가장 고사양 장비를 도입한 사례였습니다. 이 점은 성균관대학교가 선제적으로 투자한 결과입니다.

개소식 당시에도 요아힘 프랑크 교수가 직접 방문했습니다. 함께 식사하면서 여러 이야기를 나눴는데, 이런 분들이 한국의 연구 환경과 시설 방향성을 보고 상당히 놀라워했습니다. 과학의 역사가 상대적으로 짧은 나라가 이렇게 빠르게 따라오려는 점이 인상적이라는 반응이었습니다.

이와 관련해 하나 더 언급할 만한 사실이 있습니다. 노벨상 수상자 가운데 유대인이 상당한 비율을 차지하고 있다는 겁니다. 전 세계 인구에서 유대인이 차지하는 비율은 0.1%에도 미치지 않는데 말이지요.

조금 자부심 섞인 이야기를 하나 해도 될 것 같습니다. 세계에서 가장 영향력이 크다고 평가받는 『Nature』, 『Science』, 『Cell』 같은 저널들이 있지 않습니까. 이 저널들에 실리는 논문 가운데, 한국 연구자가 주저자이거나 교신저자로 참여하는 비율이 대략 연간 5% 정도 됩니다. 적지 않은 수치입니다. 하버드나 MIT 같은 연구 중심 대학들에는 포스트닥 연구자들이 굉장히 많습니다. 그중에는 한국 연구자들도 상당수 포함돼 있습니다. 그래서 미국 쪽에서는 한국 연구자들에 대해 "똑똑하다"는 평가가 기본으로 깔려 있고, 거기에 "근면하다"는 이미지까지 더해집니다. 똑똑한데 근면하기까지 하니까, 상대하기 쉽지 않다는 이야기가 자연스럽게 나옵니다.

예전에는 중국 연구자들이 두드러졌고, 최근에는 일본 연구자들이 노벨상을 받기도 했습니다. 그러다 보니 언젠가는 우리나라에서도 노벨상 수상자가 나오지 않겠느냐는 이야기가 오갑니다.

그런데 이런 이야기를 하다 보면, 교육과 문화의 문제를 빼놓을 수가 없습니다. 저는 여러 차례 비슷한 이야기를 해 왔는데, 성적 중심으로만 사람을 밀어붙이는 방식이 과연 맞는가 하는 점입니다. 이 부분에 대해서는 저 같은 교수들뿐 아니라, 여러 석학들도 비슷한 문제의식을 공유하고 있습니다.

노벨상 수상자들이나 해외 석학들과 이야기를 나눠 보면, 그들에겐 전반적으로 여유가 있습니다. 말을 할 때도 그렇고, 생각을 전개하는 속도나 시간을 사용하는 방식에서도 그렇습니다.

공간에 대한 인상도 함께 따라옵니다. 캠퍼스를 돌아다니다 보면, 앉아서 머물 수 있는 공간이 많습니다. 커피를 마시면서 앉아 있거나, 샌드위치를 먹으면서 사람들 지나가는 걸 보고, 그런 시간이 자연스럽게 허용됩니다. 저는 펜실베이니아대학교에 있을 때 그런 환경을 많이 경험했습니다. 벤치에 앉아 밖을 보면서 생각을 정리하다가, 뜻밖의 아이디어가 떠오르는 경우도 많았습니다.

반면 우리 사회는 굉장히 바쁩니다. 공간 자체가 대부분 이동을 전제로 설계돼 있고, 머무르는 시간을 잘 허용하지 않는 느낌을 받을 때가 많습니다. 왜 우리는 길에 앉아 있을 곳이 이렇게 적을까, 그런 생각이 들기도 합니다.

크라이오-EM 같은 연구도 결국 그런 시간과 연결돼 있습니다. 하루아침에 결과가 나오는 일이 아닙니다. 혼자 머릿속에서만 해결할 수 있는 문제도 아니고, 여러 사람이 함께 앉아서 생각을 나누는 시간이 필요합니다. 영어로는 흔히 transparency라는 말을 쓰는데, 생각을 숨기지 않고 꺼내놓고 이야기하는 분위기를 말합니다.

저는 고등학교에서 강연할 기회가 종종 있는데, 그때

마다 인연이 된 학생들과 메일을 자주 주고받습니다. 최근에도 학생 한 명에게 메일을 하나 받았는데, 내용이 이렇습니다.

"교수님, AI가 저보다 더 똑똑한데, 저는 어떻게 하면 좋을까요?"

이 질문을 보면서, 아, 이게 지금 시대와 상황을 그대로 반영하고 있구나 하는 생각이 들었습니다. 어린 나이에 이미 '사고'를 하고 있는 겁니다. 상황이 너무 빠르게 변하고 있잖아요. 마치 폭풍이 부는 것처럼 흐름이 한꺼번에 밀려옵니다. 그 속에서 이 학생은 가만히 주변을 바라보다가, 불안감이 한 번에 밀려온 거죠. 저는 그 마음이 바로 이해가 됐습니다. 그래서 바로 답장을 하지 않았습니다. 함부로 답할 수가 없어서요. 신중히 계속 생각하고, 또 생각했습니다. 그러다 제가 내린 결론은 이렇습니다. AI를 어떻게 사용할 줄 아느냐의 문제이지, 기본적으로는 사람이 AI보다 덜 똑똑한 건 아니라는 겁니다.

오늘 뒤에서 세가 AI에 대한 기본적인 이야기를 조금 더 하겠습니다만, AI는 인간의 뇌세포 구조를 모사해서 만든 것이고, 물리적인 컴퓨터 시스템 위에 올라가 있습니다. 그래서 아무리 방대한 연산을 한다고 해도, 인간의 사고를 완전히 넘어설 수는 없습니다. 다만 기계적이고 반복적인 작업, 그리고 속도 면에서는 훨씬 앞서갈 수 있습니다.

그러면 우리가 무엇을 해야 할까요. 결국 그걸 잘 사용하는 쪽으로 가야 합니다. 그래서 우리가 어떤 사람들을 길러야 하느냐고 묻는다면, 저는 이렇게 말합니다. 좋은 질문을 할 수 있는 사람들입니다.

여기서부터 이야기가 조금 달라집니다. 요즘에는 질문을 잘 하지 않습니다. 어떤 질문을 해야 할지 모르기 때문입니다. 그래서 이제는 질문에 답하는 법을 가르치는 데서 멈추면 안 됩니다. "너는 어떻게 생각하느냐", "어떤 질문을 던져야 하느냐"를 묻는 방식으로 교육이 조금씩 바뀌어야 합니다.

학교와 대학의 역할도 여기서 달라집니다. 앉아서 시험을 잘 보는 시대를 넘어서, 스스로 질문을 만들고, 그 질문을 바탕으로 자기 주도적으로 사고하고 만들어 가는 것이 지금 우리가 들어선 시대의 모습입니다.

3. 기술은 생명을 어떻게 드러내는가

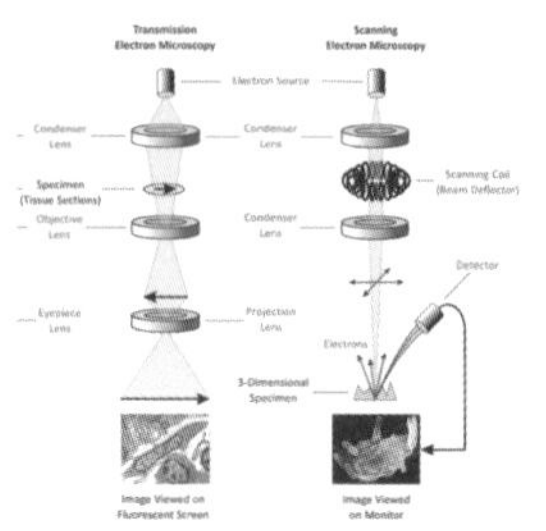

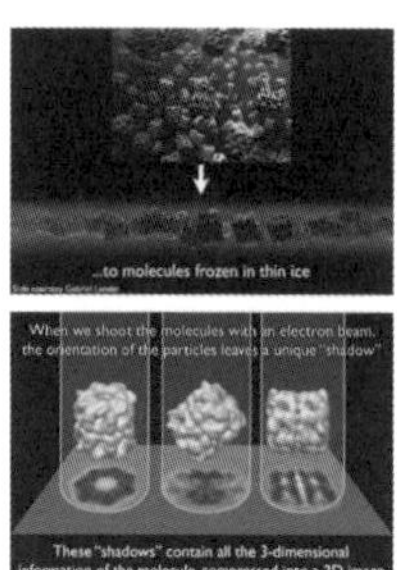

그런 모습들을 이 석학들이 실제로 가지고 있습니다. 직접 만나보면요. 그래서 이 사람들이 무엇을 했느냐 하면, 정말 어마어마한 일을 합니다. 그 결과물이 바로 우리가 흔히 알고 있는 현미경입니다. 현미경, 아시죠?

화면에 다 안 나오더라도, 구조는 이해하실 겁니다. 현미경은 어떻게 되어 있느냐 하면, 콘덴서 렌즈가 있어서 빛을 모으고, 다시 빔의 초점을 맞추고, 그다음에 우리가 보고자 하는 대상에 맞춰지는 렌즈들이 여러 단계로 붙여 있습니다. 이해하셨죠?

이 렌즈들을 이렇게 층층이 쌓아 놓은 겁니다. 그러면 확대되고, 또 확대되고, 다시 확대되면서 우리가 정확하게 초점을 맞출 수 있게 됩니다. 이 원리를 그대로 가져옵니다. 다만 빛 대신 전자를 사용한 겁니다. 기존 현미경은 빛을 쓰는 광학 현미경이죠.

그래서 이 광학 현미경의 구조를 전자에 적용합니다. 전자를 투영해서 세포 샘플의 박편에 투영하고, 거기서 나오는 회절 신호와 에너지를 받아들입니다. 이걸 디텍터로 받는 겁니다. 요즘 휴대전화 카메라를 생각하시면 이해가 빠릅니다. CCD 카메라가 달려 있고, 조도나 여러 신호를 받아서 이미지를 만드는 방식과 유사합니다.

여기서 중요한 과정이 하나 더 들어갑니다. 바로 시편을 얼리는 과정입니다. 예전에는 상온에서 전자를 쏘거나 빛을 쐈기 때문에, DNA나 세포가 쉽게 손상을 입었습니다. 쉽게 말하면 탑니다. 그러면 샘플이 변형이 되죠. 그래서 정확한 구조를 보는 데 한계가 있었습니다.

그런데 초저온으로 가면 이야기가 달라집니다. 초저온 상태에서는 구조 변형이 거의 일어나지 않습니다. 전자가 들어오면서 발생하는 에너지가 열에너지로 전환되더라도, 그 열을 주변이 흡수해 버리기 때문에 결합이 깨지지 않습니다. 살아 있는 상태에 가깝게, 정확히는 보존된 상태의 단백질 구조를 볼 수 있게 됩니다. 이게 가능해진 이유가 바로 초저온 전자현미경, 크라이오 전자현미경 때문입니다.

초저온 전자현미경은 구조가 조금 더 복잡합니다. 샘플을 약 0.1초 만에 얼려버립니다. 얼리는 방식은 에테인이라는 유기용매를 사용합니다. 영하 150도 정도의 온도에서 액체 질소를 이용해 급속으로 냉각시킵니다. 그렇게 담그는 순간, 샘플은 그 자리에서 바로 얼어붙습니다.

이때 단백질은 용액 안에 둥둥 떠 있는 상태입니다. 그 상태에서 이온 빔을 이용해 샘플을 아주 얇게 잘라냅니다. 단백질이 한두 개 정도만한, 아주 얇은 얼음층을 만들어서 그 안에 단백질을 둥둥 떠 있는 상태로 유지합니다. 그리고 그 샘플을 아까 말씀드린 장비 안으로 옮깁니다.

이제 전자 빔을 쏘게 됩니다. 예를 늘어 단백질이 이렇게 바로 서 있는 상태라면, 빔이 들어갔을 때 이런 모습으로 보이겠죠. 옆으로 누워 있으면 또 다른 형태로 보일 겁니다. 다양한 방향에 놓인 단백질들의 모습이 각각 다르게 찍힙니다. 이런 이미지들을 전부 찍어서 모읍니다. 모은 이미지를 컴퓨터로 합칩니다. 제 모습을 하나씩 찍는다고 생각해 보세요. 앞에서 한 번, 옆에서 한 번, 또 다른 각도에서 찍고, 이렇게 여러 장을 찍어서 전부 합칩니다. 영어로는 이 과정을 리컨스트럭션(reconstruction)이라고 합니다. 이렇게 하면 3차원 형태가 나옵니다.

그다음에는 시뮬레이션 기술과 결합합니다. 전자 밀도, 즉 전자가 어떻게 분포돼 있는지를 기준으로 해서, 그 밀도에 맞는 단백질 구조를 계산해 나갑니다. 그렇게 해서 우리

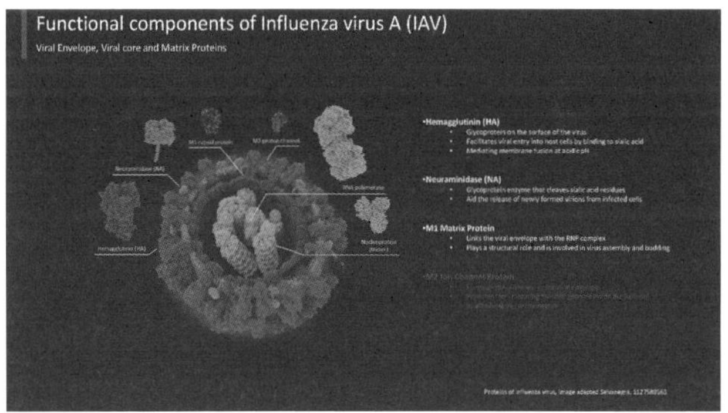

가 원하는 단백질의 3차원 구조를 풀어내는 기술입니다.

이 기술로 무엇을 했느냐 하면, 바이러스 구조를 풀어냈습니다. 바이러스 구조를 보면, 겉으로는 약간 하트 모양처럼 보이기도 합니다. 그런데 실제 구조는 이런 형태를 가지고 있습니다.

여기서 질문 하나 드려보겠습니다. 바이러스는 생명체일까요, 아닐까요? 한 번 생각해 보셨나요? 바이러스는 생명체일까요, 아닐까요? 오늘 강의 주제인 '생명'과 굉장히 관련이 있는 질문입니다. 제가 계속 '생명'이라는 말을 붙이고 있잖아요.

그럼 생명의 정의는 뭡니까? 살아 있다는 건 뭘까요? 여러분이 오늘, 내일 계속 살아가려면 뭘 해야 합니까? 맞습니다. 에너지를 내야 됩니다. 에너지를 내려면 뭘 해야 합니까? 그렇죠, 먹어야 됩니다. 먹으면 무슨 일이 벌어집니까? 그렇죠, 대사를 합니다. 배설도 하고요.

살아 있다는 건 결국 대사 활동을 한다는 뜻입니다. 이해하셨죠? 이걸 정확히 알고 있는 사람은 생각보다 많지 않습니다. 살아 있다는 것은 '대사를 한다'는 의미입니다.

하지만, 바이러스는 대사를 하지 않습니다. 스스로 먹지도 않고, 에너지를 만들지도 않습니다. 그러니까 생명체가 아닙니다. 이해하셨죠?

그러고 보니, 제가 꽤 설명을 잘하네요? 요즘 교수로서 가장 많이 고민하는 지점이 바로 이 부분입니다. 내가 알고 있는 지식을, 상대방이 이해할 수 있게 설명하지 못한다면, 그건 심각한 문제라는 생각이 듭니다. 알고 있는 것과 설명할 수 있는 것은 전혀 다른 문제입니다. 설명을 못하면, 교수로서 자격이 없는 거죠. 그래서 저는 요즘 이런 방식으로 계속 생각하려고 합니다. 최대한 쉽게, 최대한 구조를 나눠서 설명하려고 합니다.

자, 이해하셨죠? 바이러스는 대사를 하지 않습니다. 그러니까 생명체가 아닙니다.

그럼 바이러스는 무엇을 위해 존재할까요? 그렇죠. 리플리케이션, 복제하기 위해서 존재합니다. 자기와 똑같은 개체를 만드는 것, 그것만 합니다. 세포 안으로 들어가서 자기 개체를 계속 증식시키고, 결국 그 세포를 파괴합니다. 그러면서 자기 개체 수는 늘어납니다. 이해하셨죠?

이게 바이러스의 본질입니다.

저도 왜 바이러스가 우리와 같이 공존하는지는 잘 모르겠습니다. 다만 한번 생각해 보세요. 마블 시리즈 마지막에 보면, 세계 인구의 절반을 한 번에 없애버리는 장면이 나오잖아요. 그런 설정들 말입니다. 저는 그런 영화를 만든 사람들이, 인문학적 소양을 가진 과학자들과 비슷한 사고를 하고 있다고 느낄 때가 있습니다.

그러면 바이러스는 결국 어떤 역할을 하느냐. 전체 파퓰레이션, 즉 개체 수를 조절하는 역할을 한다는 거지요. 밖에 있는 미생물들, 동물들, 그리고 우리 인간까지 포함해서, 인간의 활동 반경이 점점 넓어지면서 밀림이나 정글을 개발하기 시작합니다. 산을 깎고, 숲을 파괴하고요. 그러면 수만 년 동안 그 안에 존재해 왔던 바이러스들, 우리가 한 번도 접해보지 않았던 변종 바이러스들과 어느 날 갑자기 마주치게 됩니다.

그때 우리 몸에서는 무슨 일이 벌어질까요. 항체가 생성될 시간이 없습니다. 갑작스럽게 감염이 일어나고, 심하면 사망에 이르기도 합니다. 아픈 상태에서도 전파는 계

속됩니다. 우리가 겪었던 코로나19가 바로 그런 사례였습
니다.

결국 인간의 활동이 촉발한 변화가, 다시 인간의 파
퓰레이션을 줄이는 방향으로 작동하는 경우가 생깁니다.
이런 구조는 경제학에서도 이야기됩니다. 창조와 파괴가
함께 일어난다는 이야기 말입니다. 최근 노벨상을 받은 이
론에서도 이런 개념이 등장합니다.

이런 관점에서 보면, 새로운 기업이 생기고 사라지는
과정과 마찬가지로, 생물학적인 세계에서도 비슷한 일이
벌어지고 있다고 볼 수 있습니다.

이제 구조를 조금 더 보겠습니다. 그림을 보면, 안쪽
에 돌돌 말려 있는 부분이 있습니다. 이게 무엇이냐 하면,
뉴클리오프로틴입니다. RNA나 DNA를 감싸고 있는 단백
질입니다. 그러니까 이 안에 있는 유전 정보를 보호해 주
는 역할을 합니다. 딱 보존해 주는 겁니다.

우리가 어떤 물질을 이동시키려면 어떻게 해야 합니
까. 잘 감싸서 가야 하잖아요. 똑같습니다. 안쪽은 이렇게
단단하게 감싸서 보호하고, 바깥쪽은 또 다른 단백질들로

구성돼 있습니다. 바깥쪽은 공격하기에 유리하도록 배치돼 있습니다.

여기서 여러분들이 한 번쯤 들어봤을 법한 이름들이 나옵니다. H5N1 같은 것들입니다. 인플루엔자 바이러스 이야기할 때 많이 들어보셨을 겁니다. 이런 이름들은 전부 단백질 서브패밀리의 조합입니다. 헤마글루티닌, 뉴라미니다아제 같은 단백질들의 조합입니다. 바깥에 붙어 있는 이 단백질들이 무슨 일을 하느냐 하면, 우리 세포막에 있는 특정 수용체와 결합하는 역할을 합니다. 오늘은 바이러스 강의를 하는 자리는 아니니까 자세히 들어가지는 않겠습니다만, 예를 들면 코로나 바이러스의 경우에는 ACE2 수용체가 주로 폐 세포에 많이 있습니다. 만약 이 바이러스가 폐 세포를 공격하지 않았다면, 팬데믹까지는 가지 않았을 수도 있습니다.

우리에게 크게 위험하지 않았다면, 그냥 아프면 약 먹고 회복하면 되는 정도였을 겁니다. 그런데 폐로 들어가니까 문제가 됩니다. 숨을 쉬기 어려워지죠. 그래서 호흡기 증후군으로 이어졌고, 사회적으로도 굉장히 큰 문제가 됐습니다. 특히 기저질환이 있는 분들, 암과 같은 질환을 앓고 있는 분들에게는 전파 속도가 더 빨랐습니다. 이 바이러스가 출현했을 때, 특정 수용체 특성 때문에 다른 조직으로 가지 않고 폐 세포를 집중적으로 공격했습니다. 그 안에서 바이러스 증식이 시작됩니다. 그러면 폐 조직은 손상을 입게 됩니다.

이 그림에서 보이는 것은 인플루엔자 바이러스, 즉 독감 바이러스입니다. 이런 바이러스들은 전부 단백질로 구성돼 있고, 굉장히 기계적인 구조를 가지고 있습니다. 그래서 조심해야 합니다.

예를 하나 들어보겠습니다. 기침할 때, 종이에 기침한다고 생각해 보세요. 그 종이를 덮어서 보관하면, 100년이라는 오랜 시간이 지나도 그 안에 바이러스가 남아 있을 수 있습니다. 다시 접촉하면 감염이 일어날 수 있습니다. 이런 바이러스들은 대사를 하지 않습니다. 그 점이 핵심입니다.

이들은 물이 마르면서 수분이 빠져나가면 비활성 상태로 있다가, 다시 환경이 갖춰지면 자기들의 유전체를 가지고 전파를 시작합니다. 그래서 사실 코로나 바이러스 같은 경우도, 지금은 우리 주변에 상당히 많이 존재하고 있을 겁니다. 우리 몸 안에는 이미 항체도 있고, 감염과 항체 형성이 반복되면서 어느 정도 평형 상태에 도달해 있는 상황입니다.

우리가 진짜로 두려워하는 것은 새로운 변종 바이러스입니다. 우리 몸이 아직 항체를 만들지 못했고, 면역 체계가 제대로 대응하지 못하는 바이러스가 등장하는 경우입니다. 특히 인간이 밀림이나 정글 같은, 오랫동안 접근하지 않았던 환경으로 들어가면서 박쥐와 같은 동물들과 접촉하게 되고, 이전에는 한 번도 만나지 않았던 바이러스들과 마주치게 될 때 그런 일이 발생합니다.

이런 상황에서 중요한 역할을 한 기술이 바로 크라이오 전자현미경입니다. 이 기술 덕분에 우리가 어떤 바이러스인지, 그 구조가 어떻게 생겼는지를 빠르게 파악할 수 있게 되었습니다. 그래서 백신을 개발하거나 항바이러스제를 만드는 데 결정적인 기여를 하게 됩니다.

2017년에 크라이오-EM이 노벨상을 받았고, 2019년에 코로나 팬데믹이 시작됐습니다. 이 시기를 겹쳐 놓고 보면, 우리가 어떤 시대에 들어섰는지 감이 오실 겁니다. 기술과 외부 환경이 서로 영향을 주고받으면서 계속 균형을 맞추려는 시도가 반복되는 시대입니다. 에너지 문제, 환경 문제도 마찬가지입니다.

지금 우리나라도 기후 변화에 대응하기 위해 여러 기술을 개발하고 있지만, 생산성을 높인다는 명목으로 이산화탄소 배출이 늘어나는 측면도 있고, 다시 그것을 줄이기 위한 노력이 동시에 진행되고 있습니다. 과학기술이 하는 일은 대체로 이런 불균형을 줄이거나, 대응할 수 있는 방법을 만들어내는 데 있습니다.

Cryo Electron Microscope
유전자 편집 단백질

여기 보이는 것은 우리 연구실에서 진행한 연구 결과입니다. 유전자 편집 단백질의 구조를 크라이오-EM으로 분석한 모습입니다. 유전체가 단백질 안에 돌돌 감겨 있고, 그 거동과 구조를 이렇게 직접 확인할 수 있습니다. 이전에는 보기 어려웠던 영역입니다.

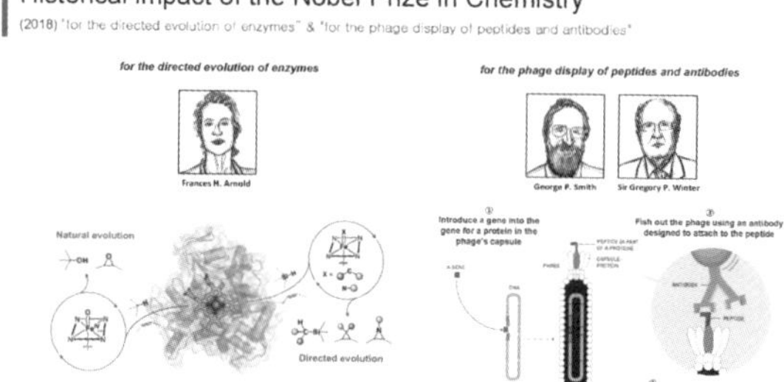

그리고 2018년에는 또 하나의 중요한 사건이 있습니다. 항체를 개발하는 방법, 이른바 디렉티드 에볼루션(directed evolution) 기술이 등장하면서, 이 연구로도 노벨상이 수여됩니다.

이어서 2020년 이후를 보면, 노벨상 수상자 가운데

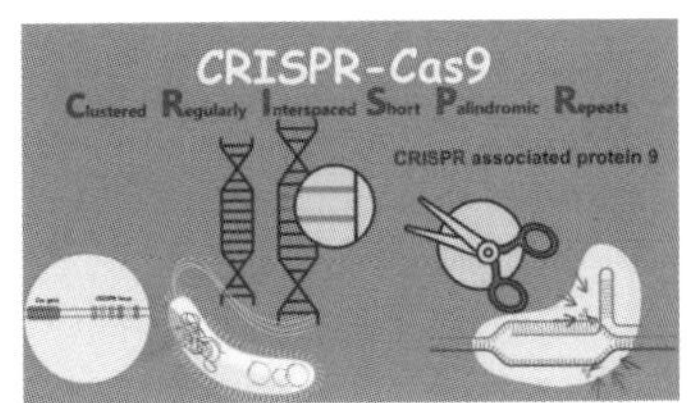

여성 과학자의 비율이 눈에 띄게 높아집니다. 과학계에서도 변화가 분명하게 나타나고 있는 시기입니다.

성균관대학교 공과대학에서도 비슷한 흐름을 확인할 수 있습니다. 실제로 제 연구실만 보더라도, 전체 인원 가운데 여학생 비율이 상당히 높아졌습니다.

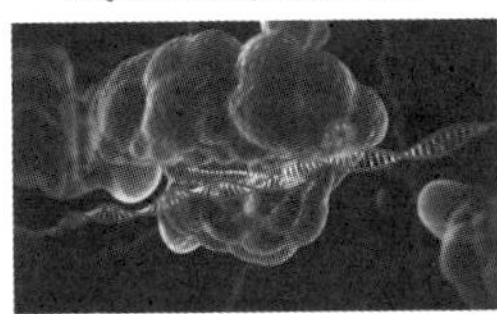

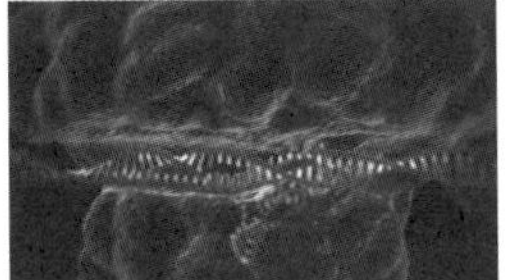

유전자 편집 단백질에 대해서는 뒤에서 조금 더 자세히 설명드리겠습니다. 유전자 편집 단백질을 이해하려면, 먼저 유전체 구조를 떠올리셔야 합니다. 아까 말씀드렸듯이 유전체는 이중 나선, 즉 듀플렉스 구조로 되어 있습니다. 이 상태로는 그냥 안에 들어가서 자를 수가 없습니다. 그렇다면, 이 단백질을 어떻게 처리하는가? 첫 번째로 특정한 유전자 서열을 정확히 인식합니다. 그다음에 그 지점을 기준으로 구조를 벌리고, 위에서 가위처럼 정확하게 잘라냅니다. 유전자 편집 단백질을 흔히 '가위 단백질'이라고 부르는 이유이기도 하지요.

이게 왜 대단한 기술이냐 하면, 이 시스템이 원래 인간이 만든 것이 아니라 미생물에서 온 것이기 때문입니다. 미생물도 바이러스의 공격을 받습니다. 그래서 미생물은 바이러스의 유전자를 자기 몸 안에 계속 저장해 둡니다. 그런데 이 유전자들이 무작위로 쌓여 있는 게 아니라, 일정한 패턴을 가지고 배열되어 있고, 그 옆에서 특정 단백실이 발현되도록 되어 있었습니다.

연구자들은 이 점을 굉장히 흥미롭게 보았습니다. 왜

미생물은 바이러스의 유전자를 이런 방식으로 계속 저장해 두고 있을까. 살펴보니, 외부에서 같은 바이러스 유전체가 들어왔을 때, 그 정보를 기억하고 있다가 단백질을 발현시켜 해당 유전체를 제거하는 방어 시스템이었던 겁니다. 다시 말해, 미생물이 자기 자신을 보호하기 위해 만든 시스템이었습니다. 인간은 여기서 이 단백질만을 분리해 냅니다. 그리고 그 단백질을 이용해서, 원하는 유전자 위치를 정확히 자를 수 있는지를 실험합니다. 포유류 세포에서도 이 방식이 작동한다는 사실이 확인되고, 논문이 발표됩니다. 그리고 이 연구는 노벨상으로 이어집니다.

이 과정에서 또 어마어마한 일이 벌어집니다. 캘리포니아대학교 버클리 캠퍼스와 제니퍼 다우드나(Jennifer Doudna) 연구진이 핵심 논문을 발표했고, 노벨상도 이쪽으로 돌아갑니다. 그런데 실제 특허는 브로드 연구소(Broad Institute)에서 먼저 가져갑니다. 이쪽에서는 이 기술을 빠르게 '기술'로 인식하고, 특허를 먼저 출원합니다. 결국 특허 분쟁에서는 브로드 연구소가 승리하게 됩니다.

이 특허 하나의 가치는 수조 원 단위로 이야기되기도

합니다. 특허 내용을 보면 놀라운 점이 있습니다. 일반적으로 특허는 기술을 아주 세부적으로 써야 하는데, 이 경우에는 "이 단백질을 이용해 포유류 세포를 편집할 수 있음" 정도로 매우 포괄적으로 작성돼 있습니다. 이처럼 넓은 범위의 특허가 허가된 배경에는, 자국의 기술적 가치뿐 아니라 제도적 판단도 함께 작용했을 것입니다.

이 지점에서 우리가 한 가지 생각해 볼 수 있는 것은, 기술이 단순한 연구 성과를 넘어 전략적 자산이 된다는 사실입니다. 예전에는 의약품 개발이나 생명과학 기술을 순수한 과학의 영역으로만 보는 경향이 있었습니다. 하지만 코로나 시기를 거치면서, 이 기술들이 실제로 생존과 직결된다는 점을 모두가 경험하게 되었습니다.

유전자 편집 기술을 가지고 있느냐 없느냐에 따라, 할 수 있는 일의 범위는 크게 달라집니다. 농업에서는 작물 개량 기술로, 환경 분야에서는 미생물을 편집해 이산화탄소를 포집하거나 오염 물질을 분해하는 데 활용할 수 있습니다. 석유 유출 사고처럼 환경 오염이 발생했을 때, 생분해를 가속화하는 효소를 가진 미생물을 활용하는 방식도 가능합니다.

이제는 자연을 정화하는 방식조차 기술적으로 접근하는 시대입니다. 과거처럼 단순히 필터를 설치하거나 분리수거만으로 해결하는 것이 아니라, 특정 플라스틱만 분해하는 미생물을 설계하는 방식으로 나아가고 있습니다. 이것이 바로 합성 생물학입니다.

그리고 이 모든 기술의 핵심에, 유전자 편집 기술이 있습니다. 유전자를 원하는 위치에 넣고, 빼고, 조절할 수 있게 되면서, 우리가 다룰 수 있는 생물학적 가능성의 범위가 크게 확장된 것입니다.

4. 데이터가 생명을 예측하기 시작하다

이제 시간이 한 시간 정도 지났네요. 쉬는 시간 없이 강의를 이어가겠습니다.

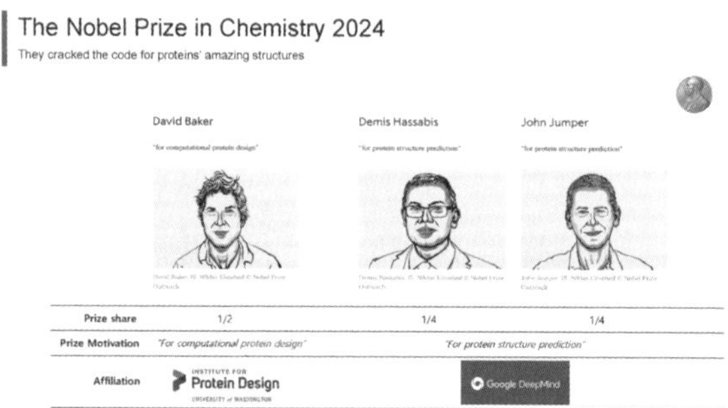

2024년에 중요한 전환점이 옵니다. AI로 노벨 화학상을 수상하게 되는 거지요. 여기 보이는 인물이 저와 같은 전공을 가진 단백질 디자이너, 데이비드 베이커(David Baker)입니다. 그리고 또 한 축이 있습니다. 여러분이 잘 아시는 알파고를 만든 회사, 딥마인드(DeepMind)입니다. 이 회사의 CEO인 데미 하사비스(Demis Hassabis)와 연구 책임

자들이 함께 노벨상을 받습니다. 생각해 보세요. 회사의
CEO가 노벨상을 받는 시대가 된 겁니다. 기술자와 노벨
상이 같이 등장합니다. 왜 이런 일이 벌어졌을까요. 바로
AI의 힘입니다.

　사실 개인적으로는 조금 성급하다는 생각도 듭니다.
그만큼 이 AI가 얼마나 강력하게 받아들여졌는지를 보여
주는 장면이기도 합니다. 화학, 생물학 분야에서 노벨상이
AI에 주어졌다는 건, 그 영향력이 이미 기초 과학의 핵심
으로 들어왔다는 뜻입니다. 이제 여기서부터 이야기를 조
금 더 깊이 들어가 보겠습니다.

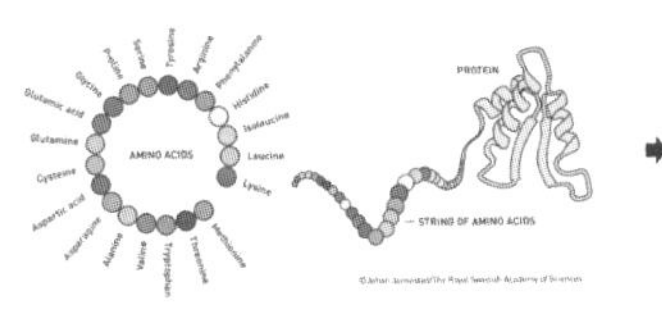
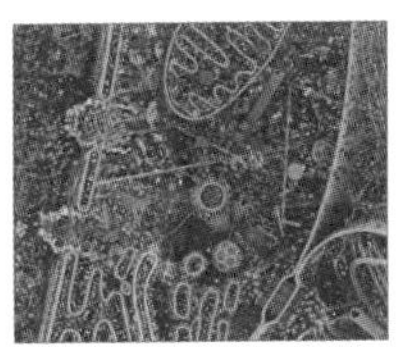

단백질은 자연에 존재하는 20개의 아미노산 조합으로 이루어져 있습니다. 앞서, 라이너스 폴링이 단백질이 어떻게 결합돼 있는지를 화학적 구조로 규명했다고 말씀드렸죠. 이 단백질은 여러 갈래로 뻗은 구조가 아니라, 하나의 긴 체인이 접히면서 만들어집니다. 하나의 체인이 접혀서 기능을 갖게 되는 겁니다.

이 모든 일은 세포 안에서 벌어집니다. 이 그림은 크라이오 전자현미경으로 본 세포 내부 모습입니다. 세포막 안을 보면, 사람의 경우 대략 만 종 정도의 단백질이 존재합니다. 굉장히 다양한 단백질들이 동시에 존재하고 있습니다.

보통 세포라고 하면 안이 텅 비어 있을 거라고 생각하기 쉽습니다. 그런데 그렇지 않습니다. 안은 단백질로 빽빽하게 차 있고, 그 단백질들은 끊임없이 서로 소통합니다. 만들어졌다가 없어지고, 다시 만들어지고, 이 과정을 계속 반복합니다. 인간 사회와 굉장히 비슷합니다.

사실 이 밀도를 수학적으로 계산할 수도 있습니다. 세포 안이 얼마나 복잡하고 조밀한 환경인지 충분히 감이

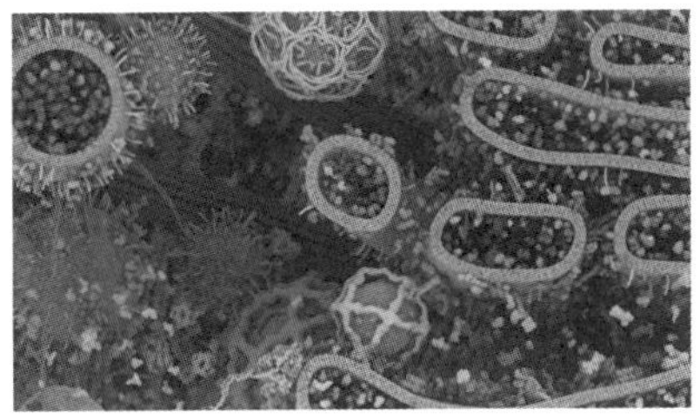

오실 겁니다.

단백질 하나의 평균 밀도와 전체 부피를 계산해 보면, 세포 안에는 거의 틈이 없습니다. 대략 세포 하나에 수십만 개에서 백만 개 정도의 단백질이 들어 있다고 생각하시면 됩니다. 그 많은 단백질들이 끊임없이 만들어지고, 또 사라지고, 서로 소통하면서 세포가 기능합니다. 그렇게 세포와 세포가 함께 기능하고, 장기가 만들어지고, 그 장기가 결국 우리 몸의 기능을 수행하게 됩니다.

그래서 핵심은 이렇게 정리됩니다. 센트럴 도그마입니다. DNA가 임시적인 RNA를 만들고, 이 RNA를 통해 단백질이 만들어집니다. 그러니까 결국 무엇이 조절하느냐 하면, DNA가 조절합니다. 이해하셨죠?

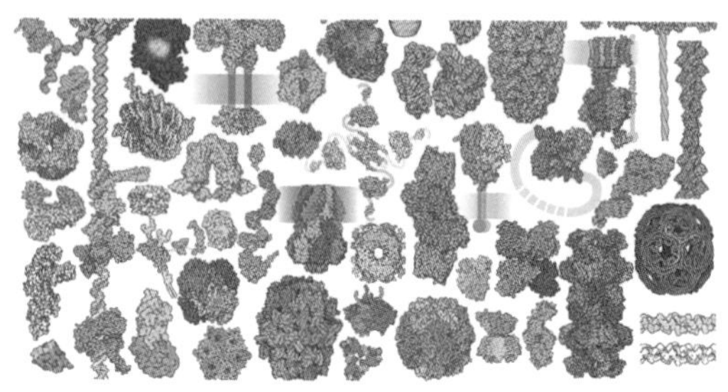

이제 넘어가겠습니다. 단백질의 구조가 생각보다 훨씬 다양하다는 사실을 알게 됩니다. 이걸 어떻게 알았을까요? 그렇죠. 앞에서 말씀드린 크라이오 전자현미경, X선 결정학 같은 구조 분석 기술들입니다. 이런 기술들이 축적되면서, 1970년대에 하나의 중요한 약속이 만들어집니다. 그리고 여기서 AI 시대를 맞이하게 된 결정적인 이유가 등장합니다.

바로 데이터입니다. 다행히 초기의 단백질 연구 선구자들은 자신이 규명한 구조를 개인의 소유로 두지 않고, 데이터베이스에 공개합니다. 이것이 바로 프로틴 데이터

뱅크(Protein Data Bank)입니다.

관심 있는 분들은 이 데이터베이스에 들어가 보실 수 있습니다. 프로그램을 내려받으면, 앞에서 보셨던 단백질 구조를 3차원으로 렌더링해서 직접 볼 수 있습니다. 저는 고등학생들이 연구실에 오면 이걸 직접 보여주며 가르칩니다. 제 둘째도 초등학교 3학년 때 이 프로그램을 가지고 놀았습니다. 누구나 접근할 수 있다는 뜻입니다. 프로틴 데이터 뱅크는 약자로 PDB라고 부릅니다.

이 데이터베이스에는 무엇이 들어 있느냐 하면, 단백질의 서열 정보, 구조 정보, 기능 정보, 그리고 그와 관련된 논문들까지 함께 들어 있습니다. 인간은 이렇게 수많은 단백질 정보를 하나의 데이터베이스에 계속해서 쌓아 왔습니다.

제가 이 이야기를 왜 하느냐 하면, 바로 알파폴드의 탄생이 여기에서 가능해졌기 때문입니다. 물론 여기에는 윤리적인 문제도 함께 따라옵니다. AI로 만든 프로그램의 결과물은 누구의 소유인가, 개인의 것인가, 국가의 것인가, 아니면 인류 전체의 것인가 하는 문제입니다. 이런 논쟁이 지금도 『Nature』 같은 학술지에서 계속되고 있습니다.

PDB에 들어 있는 정보는 결국 무엇이냐 하면, 다양한 단백질의 3차원 좌표 정보입니다. 탄소, 질소, 산소 원자의 위치 좌표들이고, 여기에 아미노산 서열 정보가 함께 들어 있습니다.

아미노산 서열은 1차 구조, 2차 구조, 3차 구조, 4차

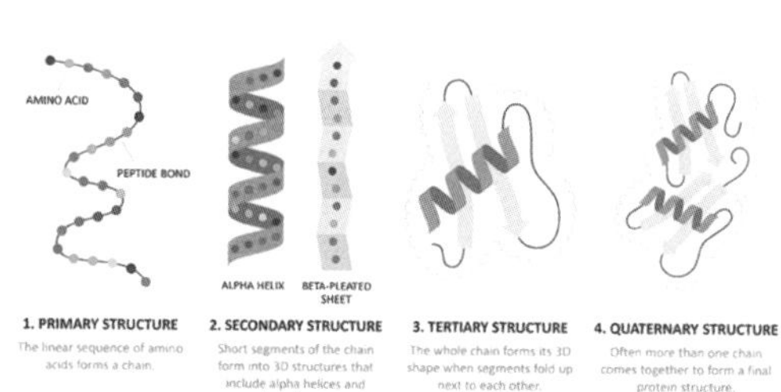

구조를 거치면서 단계적으로 형태를 만들어 갑니다. 이 과정을 영어로는 폴딩(folding)이라고 부릅니다. 말 그대로 접히는 과정입니다. 단백질은 이렇게 접힌 구조를 통해 자신의 기능을 갖게 됩니다.

5. 단백질 디자인과 생성형 바이오의 도래

여기서부터는 난이도를 조금 올려서 가보겠습니다.

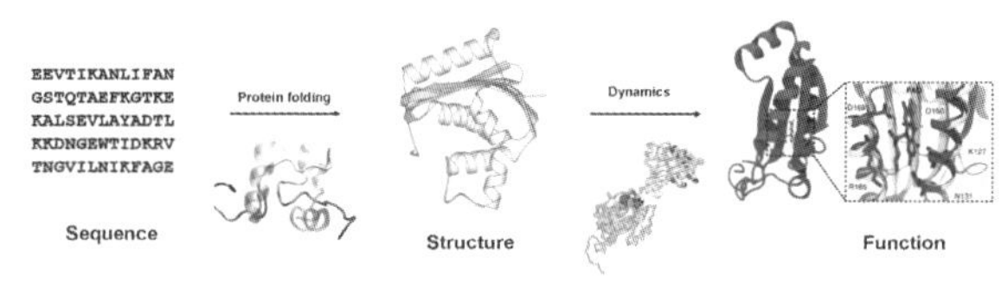

우선 서열 정보가 있습니다. 맞죠? 여기서부터 철학적인 이야기가 굉장히 많이 나옵니다. 저는 이 지점에서 학생들에게 꼭 한 번은 생각해 보라고 합니다. 서열 정보가 하나 있으면, 그에 대응하는 구조 정보는 보통 하나이거나 많아야 두 개 정도밖에 없습니다. 신기하죠? 예측을 못 하신 분들도 있을 겁니다.

서열 정보가 있습니다. 유전체 서열 정보가 있죠. 그

서열에 따라서 귀가 만들어지고, 눈이 만들어지고, 각종 기능이 나타납니다. 그다음에 구조 정보가 있습니다. 단백질의 구조인데, 그 구조는 결국 기능과 연결됩니다. 이 관계가 이어져 있다는 것까지는 이해하셨죠?

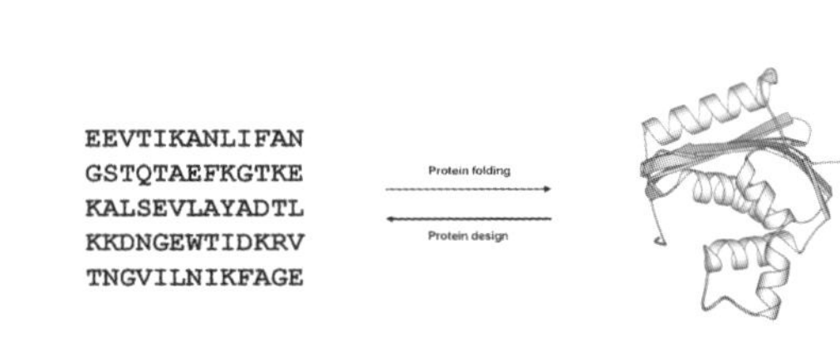

그럼 이제 여기서 한 번 더 생각해 보겠습니다.

단백질의 서열 정보를 컴퓨터에 넣었을 때, 구조가 바로 나오게 하는 알고리즘을 만들었다고 해봅시다. 이게 바로 단백질 접합, 즉 프로틴 폴딩 문제와 관련된 이야기입니다.

그런데 여기서 한 단계 더 나아가면 이런 질문이 나

옵니다.

"구조를 내가 먼저 만들면 어떻게 될까?"

이제 생성형 시대에 들어서면서, 이 이야기를 본격적으로 하게 됩니다. 구조를 먼저 만듭니다. 그 구조에 맞는 서열을 나중에 계산합니다. 그러면 그 서열은 자연에 존재할까요? 존재하지 않습니다. 구조도 자연에는 없습니다.

여기서부터 상황이 달라집니다. 지금까지 인간이 접근할 수 있었던 단백질은 많아야 만 개 정도였는데, 이제는 세상에 존재하지 않았던 수십만, 수백만 개의 단백질을 새로 만들어낼 수 있는 시대에 들어옵니다. 이게 바로 단백질 디자인입니다.

그럼 단백질 디자인의 핵심은 무엇이냐 하면, 새로운 구조를 만드는 것, 혹은 그 새로운 구조를 통해 완전히 새로운 기능을 만들어내는 것입니다. 그런데 여기서 또 질문이 하나 나옵니다.

왜 이런 게 필요할까요? 그냥 재미로 하는 걸까요? 그렇지 않습니다. 우리 인간의 생체 기능이 한정돼 있기 때문입니다. 우리가 약을 개발하는 이유를 생각해 보세요.

결국 우리 몸의 기능에 한계가 있다는 걸 느꼈기 때문입니다. 기존에 가지고 있는 단백질만으로는 더 이상 해결이 안 되는 상황이 생기는 겁니다.

예를 들어 mRNA 기술을 생각해 보겠습니다. mRNA를 넣으면 단백질이 만들어집니다. DNA에 그 정보가 없어도, 기존에 항체가 없어도, mRNA가 들어가면 항체가 만들어집니다. 그래서 바이러스를 잡을 수 있었습니다. 결국 무슨 이야기냐 하면, 없는 단백질을 만들어야 할 상황이 생겼다는 겁니다.

우리 몸에 항체가 없으면 항체를 만들어야 하고, 기능이 부족하면 그 기능을 보완해야 합니다. 예를 들면 EGF 같은 단백질입니다. 세포 활성을 높여주는 단백질의 수준이 낮아지면, 외부에서 보충해 주면 됩니다. 그런데 그것도 한계가 있습니다.

그 한계를 넘어서기 위해서, 더 나은 기능, 혹은 우리가 원하는 목적에 맞는 기능을 만들기 위해서 인간은 인위적으로 새로운 단백질을 만들기 시작한 겁니다. 이게 우리에게 재앙이 될지, 아니면 큰 번영을 가져올지는 아직 모릅니다.

다시 생명 이야기로 돌아가 보겠습니다. 아까 살아 있다는 것은 대사를 한다라고 했죠. 대사의 핵심을 들여다보면, 결국 생산성과 연결돼 있습니다. 적게 먹고도 효율적으로 작동하는 것이 좋은 상태입니다. 산업도 그렇고, 사회도 그렇습니다. 소비는 많은데 생산성이 없으면 문제가 생깁니다.

우리 몸도 마찬가지입니다. 나이가 들수록 대사가 떨어지고, 생산성이 떨어집니다. 다시 말하면 기능이 줄어드는 겁니다. 단백질의 기능이 점점 약해지기 시작하는 거죠. 그러면 그 기능을 보완하려면 어떻게 해야 할까요? 그렇죠. 새로운 단백질이 들어오거나, 기존 단백질의 기능을 보강해 줘야 합니다.

이 논리는 사회학적으로만 맞는 게 아니라, 생물학적으로도 그대로 적용됩니다. 생각보다 어려운 내용은 아닙니다. 제가 학생들에게 늘 이야기하는 게 있습니다. 생산성을 높이거나, 목적 기능성을 강화시키는 방향으로 가다 보면, 우리가 결국 접근하게 되는 주제가 있습니다. 생명

연장, 그리고 생명에 대한 본질적 접근이 가능해지지요.

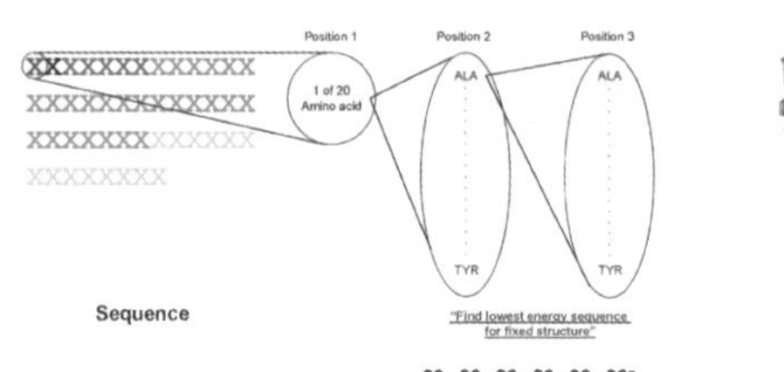
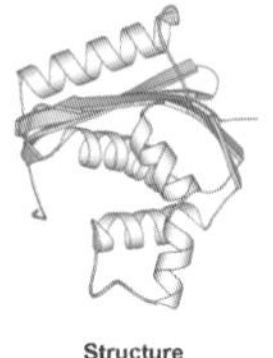

$$20 \times 20 \times 20 \times 20 \times 20 \times 20^n \ldots$$

여기서 하나를 같이 생각해 보겠습니다.

아까 말씀드렸듯이 단백질은 20개의 아미노산으로 구성돼 있고, 이게 서열 정보라고 했습니다. 이 서열은 바뀌면 안 됩니다. 언어와 똑같습니다.

예를 들어, "아버지가 방에 들어가신다"와 "방에 아버지가 들어가신다"는 의미를 이해할 수 있습니다. 그런데 "들어가신다 아버지가 방에"처럼 순서를 계속 바꾸면, 듣는 쪽에서는 혼란이 생깁니다. 서열 정보라는 게 바로 그런 겁니다. 순서가 중요합니다.

그래서 영어로는 이걸 sequence라고 부릅니다. 서열이라는 뜻입니다. sequential하다는 말은, 단순히 순서가 있다는 뜻을 넘어서, 바뀌면 안 되는, 결정적인 요소라는 의미를 포함하고 있습니다. 이해하셨죠?

이제 여기서 조금 더 들어가 보겠습니다.

20개의 아미노산이 하나씩 들어간다고 생각해 보세요. 이게 철학적인 질문으로 이어집니다. 만약 아미노산이 100개로 이루어진 단백질이라면, 가능한 조합의 수는 20의 100승입니다. 20의 10승만 해도 이미 상상하기 어려운 숫자입니다.

그런데 실제로는 어떻습니까. 그 수많은 경우의 수 가운데, 구조는 하나만 나옵니다. 기능을 하는 구조는 극히 제한적입니다. 이 지점에서 저는 공부를 하면서 계속 질문을 던졌습니다. 왜 그럴까?

여기서 더 들어가면 굉장히 어려운 질문들이 나옵니다. 오늘은 자세히 이야기하지 않겠지만, 이 지점에서 진화론과 창조론 이야기가 자연스럽게 등장합니다. 확률의 범위가 이렇게 큰데, 어떻게 하나의 구조가 만들어질 수 있었을까. 그리고 그 구조만 기능을 한다면, 이 논리대로 라면 생명은 세대를 거치면서 자연 발생적으로 사라져야 합니다.

그런데 우리는 그렇지 않습니다. 이 점은 계속 생각해 볼 문제입니다. 아까 말씀드린 것처럼 20의 100승이라는 경우의 수가 있는데, 실제로는 하나의 구조만 나온다는 사실, 이건 굉장히 철학적인 질문으로 이어집니다. 이 질문에 대해서는 아직 답이 없습니다. 솔직히 말씀드리면, 저도 모릅니다.

그래서 많은 사람들이 여기서부터 질문을 하기 시작합니다. 진짜일까, 아닐까. 이렇게 나올 수 있을까. 이런 질문들을 하나씩 던지기 시작하면서, 도구로 AI을 사용하게 됩니다. 실제 구조와 비교해 보면서, 정말 그런 결과가 나오는지를 확인하기 시작합니다. 이런 과정을 거쳐 등장한 것이 바로 알파폴드였습니다.

이 흐름을 이해하려면, 알파고 이야기를 떠올리시면 됩니다. 알파고가 이세돌 9단과 바둑을 두었던 장면을 기억하실 겁니다. 단순한 게임처럼 보이지만, 결코 단순하지 않았습니다. 그 대국을 통해, 기계가 인간의 지능에 상당히 가까이 갈 수 있다는 가능성을 보여줬습니다. 그건 반쪽짜리 성공이 아니라, 완전한 성공에 가까운 장면이었습니다.

그리고 그 팀은, 그 실험이 끝난 뒤 다른 주제로 흩어지지 않고, 바로 단백질 문제로 방향을 틉니다. 굉장히 빠른 판단이었습니다. 지금 딥마인드는 구글에 인수되어 자회사가 되었고, 개발자 한 명당 연봉이 수십억 원 수준이라는 이야기도 들립니다.

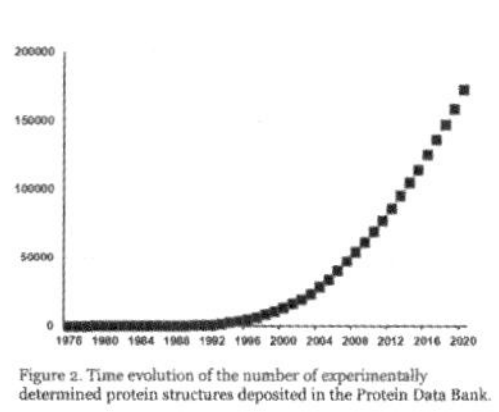

Figure 2. Time evolution of the number of experimentally determined protein structures deposited in the Protein Data Bank.

다시 데이터 이야기로 돌아가 보겠습니다. 앞에서 말씀드린 프로틴 데이터 뱅크에는, 처음에는 아주 적은 수의 단백질 구조만 올라와 있었습니다. 그런데 시간이 지나면서 구조가 풀린 단백질의 수가 기하급수적으로 늘어납니다. 그러면 어떤 일이 벌어질까요. 구조와 서열 정보가 함께 쌓이면서, 하나의 거대한 데이터베이스가 만들어집니다.

이 데이터를 가지고, 인간이 단백질 구조를 이해하는 방식도 달라지고, AI가 학습할 수 있는 기반도 마련됩니다.

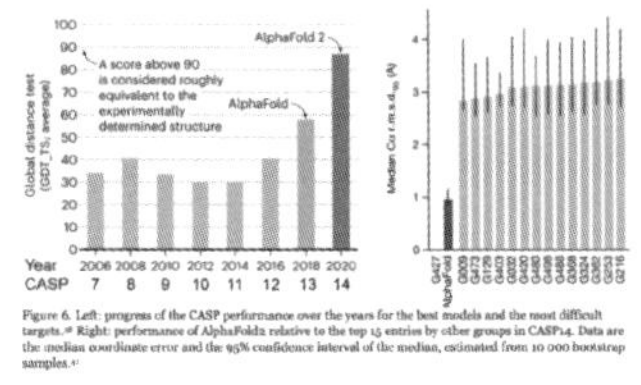
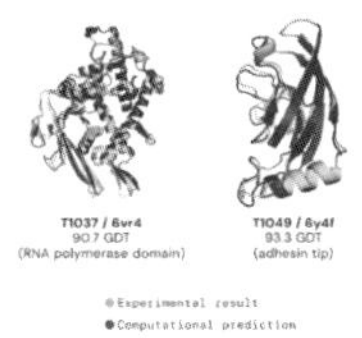

이 서열 정보와 구조 정보를 함께 학습시키는 방식이, 알파폴드의 핵심입니다. 그 이전에는 단백질 구조 예측을 겨루는 국제적인 컨테스트가 있었습니다.

2006년만 해도, 예측 정확도는 35%를 넘기기 어려웠습니다. 아무리 좋은 컴퓨터를 써도 그 수준이었습니다. 그러가다 알파폴드가 등장하면서 상황이 바뀝니다. 예측 정확도가 단숨에 60% 수준으로 올라가고, 2020년에는 90%에 근접합니다. 지금은 95% 수준까지 도달해 있습니다.

그림을 보면 파란색이 예측된 모델이고, 초록색이 실제 실험으로 얻은 구조입니다. 거의 일치합니다. 이 장면을 보고 많은 사람들이 놀랐습니다. 과학자 입장에서는 어느 정도 예상할 수 있었던 결과이기도 하지만, 신약 개발이나 산업 쪽에서는 굉장히 큰 충격이었습니다. 이제 인간이, 그렇게 어렵다고 여겨졌던 단백질 구조를 본격적으로 예측하기 시작한 겁니다. 이 성과로 2024년에 노벨상이 수여됩니다.

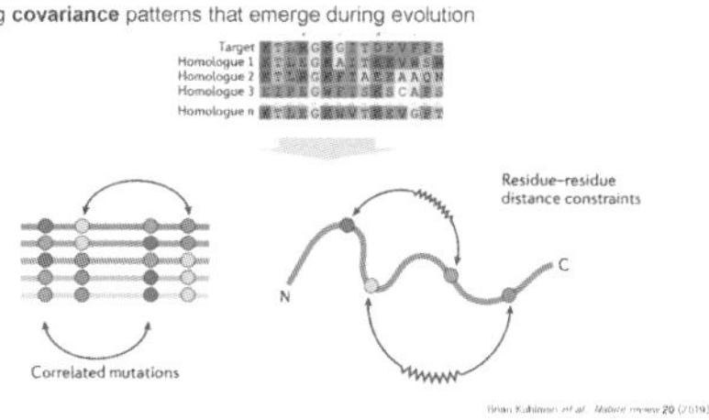

알파폴드2는 단순히 구조를 맞히는 프로그램이 아닙니다. 서열 정보를 그대로 외우는 방식이 아닙니다. 서열 안에는 물리적 성향이 들어 있습니다. 어떤 아미노산은 음전하를 띠고, 어떤 것은 양전하를 띱니다. 이 서열들이 접히면서 서로 가까워지는지, 멀어지는지, 그런 관계들이 생깁니다.

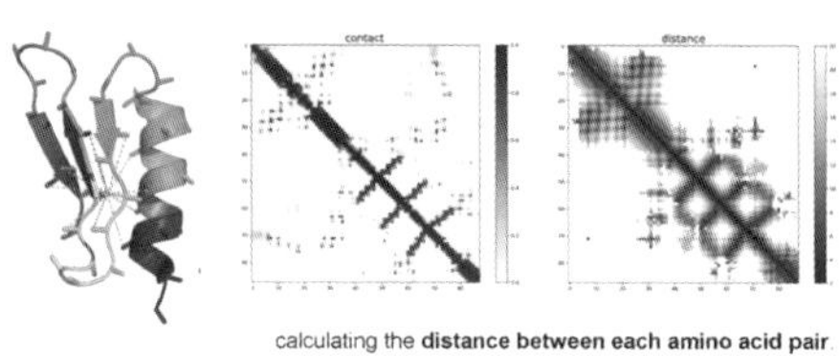

이 관계성을 계산합니다. 거리, 좌표, 상관관계 같은 정보입니다. 이런 정보들을 그대로 숫자로만 처리하지 않고, 이미지 형태로 변환합니다. 그러면 학습이 훨씬 쉬워집니다.

예를 들어 제 몸을 생각해 보세요. 어떤 지점은 가깝

고, 어떤 지점은 멉니다. 이건 전부 거리 정보입니다. 이 거리 정보를 2차원 이미지로 바꾸면, 복잡한 관계를 한눈에 볼 수 있게 됩니다. 단백질도 마찬가지입니다. 말로 정의 내리기 어려운 구조를 이미지로 바꾸고, 그 이미지를 학습시킵니다. 서열 정보와 이미지 정보가 함께 들어가고, 여러 신경망 모델을 사용하면서 점점 고도화됩니다. 그렇게 해서 지금의 알파폴드까지 오게 된 겁니다.

아이들에게 "단백질은 어떻게 생겼을까?"라는 질문을 던지면, 어떤 아이들은 손으로 대충 그려 "단백질은 이렇게 생겼어요"라고 보여주지요. 그런데, 다시 그려보라고 하면 또 다르게 그립니다. 같은 대상을 다시 설명해 달라고 했을 때, 재현성이 나오지 않습니다.

반면 어떤 아이들은 이 모습을 수학적 좌표로 바꿉니다. 그 좌표를 다시 공학적으로 이미지로 변환합니다. 의외로 아주 단순한 아이디어 하나가 세계를 바꾼 사례입니다.

저는 이런 사고를 학생들과 함께 하고 싶습니다. 영어로 말하면 브릴리언트한 아이디어입니다. 매일 앉아서 깊이 생각하고, 스스로 창의적인 사고를 해볼 수 있으면 좋겠습니다. 현실은 시험과 과제가 우선이 됩니다. 생각이 자리 잡을 틈이 많지 않습니다.

그래서 저는 이런 사례들을 보여주며 묻습니다. '그 사람들은 어떻게 생각했을까'. '새로운 대상을 마주했을 때 우리는 어떤 방식으로 사고할까'. '남들과 같은 경로로만 살아온 것은 아닐까'. 이런 질문을 자주 던집니다.

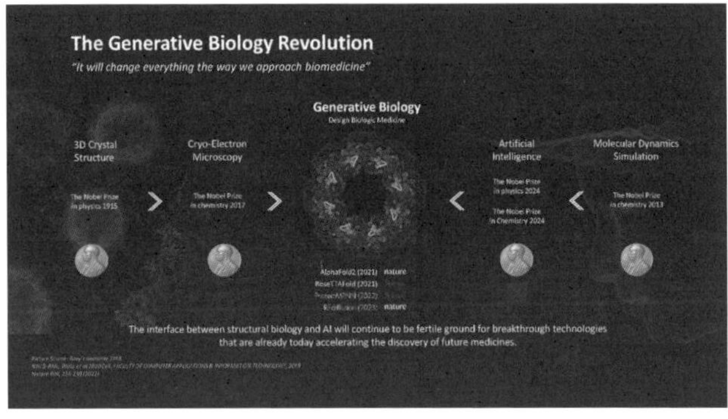

이 흐름 속에서 알파폴드가 등장합니다. 알파폴드 이후, 또 하나의 시대가 열립니다. 생성형의 시대입니다. 영어로는 generative라는 단어를 씁니다. 생성형 바이오의 시대입니다.

이 시점이 가능해진 이유는 분명합니다. 크라이오 전자현미경의 발전, AI과 시뮬레이션 기술의 진전으로 데이터가 충분히 축적되었습니다. 알고리즘이 작동할 조건이 갖춰졌습니다.

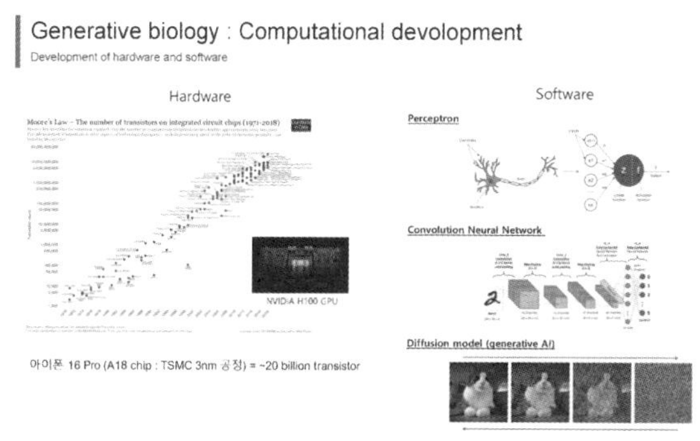

여기에 하드웨어의 발전이 더해집니다.

NVIDIA를 예로 들 수 있습니다. AI 연산을 위한 칩의 성능 향상 속도는 가파릅니다. 1970년대에는 트랜지스터 집적도가 핵심이었습니다. 지금은 적층 기술까지 활용됩니다. 전공자가 아니어도 변화의 속도는 그래프만 봐도 느껴집니다.

휴대전화가 없던 시절이 있었습니다. 학부 시절 투박하고 무거운 모토로라 휴대전화를 사용하던 적도 있었지요. 바지에 넣으면 흘러내렸고, 멀리서도 휴대전화가 있는지 알 수 있었습니다. 물론, 씨티폰으로 공중전화 앞에서 통화하고, 삐삐를 쓰던 시절도 있었습니다. 하드웨어는 급격히 발전해 왔고, 지금도 계속 발전 중입니다.

NVIDIA는 칩을 설계하는 회사입니다. AI 학습을 뒷받침하는 하드웨어를 만듭니다. 이 과정에서 가격은 낮아지고 효율은 높아집니다. 경제 논리이기도 하고 기술 발전의 흐름이기도 합니다. 이 영역에서 우리나라의 기여도 분명히 존재합니다.

변화는 하드웨어에만 머물지 않습니다. 소프트웨어에서도 중요한 전환이 일어납니다. 인간의 신경을 어떻게 모사(模寫)할 것인가 하는 질문입니다.

컴퓨터를 떠올려 보세요. 트랜지스터는 1과 0의 신호를 입력받아 연산합니다. 연산 결과를 저장하는 장치는 따로 필요합니다. 연산과 저장이 분리돼 있습니다.

인간은 다릅니다. 생각하면서 동시에 기억합니다. 방

금 한 말도 기억합니다. 지식은 저장되고, 그 위에서 다시 연산이 이뤄집니다. 이 차이에 주목한 사람들이 인간의 뇌를 모사하자는 발상에 이릅니다.

이렇게 등장한 개념이 신경망입니다. 영어로는 neural network라고 부릅니다. 인간의 신경 구조를 본떠 AI을 만들자는 생각입니다. 이 아이디어는 30년 전부터 존재했습니다. 오랫동안 주목받지 못했습니다.

새로운 시도에는 늘 질문이 따릅니다. 왜 그걸 하느냐는 질문입니다. 서구 사회에서는 "특이하니까 해보라"는 반응이 나옵니다. 우리는 흔히 "실패할 것 같으니 하지 말라"는 말을 듣습니다. 저 역시 발표 자리에서 그런 말을 여러 번 들었습니다.

사실, 실패할 것 같으니 해보라는 말이 더 맞습니다. 이 차이는 큽니다.

요즘 많이 이야기되는 모델 가운데 하나로 디퓨전 모델이 있습니다. 자세한 설명은 뒤에서 다시 하겠지만, 개념부터 잡아보겠습니다. 디퓨전이라는 건 이런 방식입니다.

지금 여러분은 제 얼굴을 이미지로 인식하고 계실 겁

니다. 한쪽 눈을 가립니다. 김용호입니다. 다른 쪽 눈도 가립니다. 역시 김용호입니다. 머리카락을 전부 가려도 김용호입니다. 얼굴을 일부러 흐리게 만들고, 잡음을 계속 섞습니다. 노이즈 레벨을 점점 높이는 겁니다. 이 설명은 이해를 돕기 위한 비유이지, 엄밀한 팩트 설명은 아닙니다.

학습 과정에서는 깨끗한 이미지에서 시작해 노이즈를 점점 올렸다가, 다시 노이즈를 제거하는 과정을 반복합니다. 이걸 디노이징이라고 합니다. 이 과정을 계속 학습시키면, 이미지가 많이 망가져 있어도 "이게 누구인지"를 알아내게 됩니다. 개떡같이 그려놔도 김용호라는 걸 맞히는 거죠. 아시겠지요? 이게 디퓨전 모델입니다.

이 모델은 원래 암호 해독, 숫자 배열 문제, 이미지 센싱 같은 분야에서 사용되던 방식입니다. 그런데 단백질 연구자들이 이 모델을 가져옵니다. 아까 말씀드린 노벨상 수상자인 데이비드 베이커가 바로 이 방식을 사용해 새로운 단백질 구조를 만들어냅니다. 이 작업으로 노벨상을 받습니다.

기존의 신경망 모델을 그대로 써봤더니, 단백질 구조

가 새로 만들어졌습니다. 왜 이런 일이 생겼을까요. 노이즈를 계속 높였다가 다시 되돌리는 과정에서, 중간에 멈추면 이전에 없던 형태가 나옵니다. 조금 다른 정도가 아니라, 완전히 새로운 구조가 나오기도 합니다.

그럼 이걸 물어보게 됩니다. 이 구조는 존재하는 걸까, 존재하지 않는 걸까. 자연에는 없었습니다. 하지만 지금은 만들어졌습니다. 생성된 겁니다.

여기서 의미가 바뀝니다. 인간은 데이터베이스를 통해 접근할 수 있는 단백질이 많아야 만 개 수준이었습니다. 이제 AI는, 자연에 없던 단백질을 만들어냅니다. 그래서 데이터베이스의 성격도 달라집니다. 생성형의 시대에 들어온 겁니다.

6. 인공신경망과 단백질 디자인

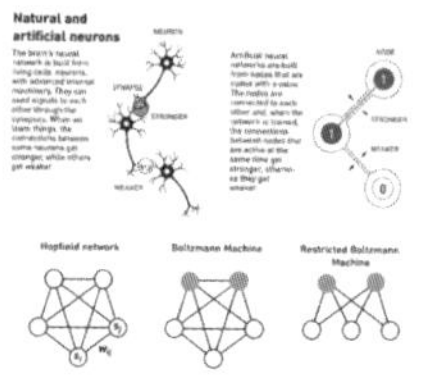

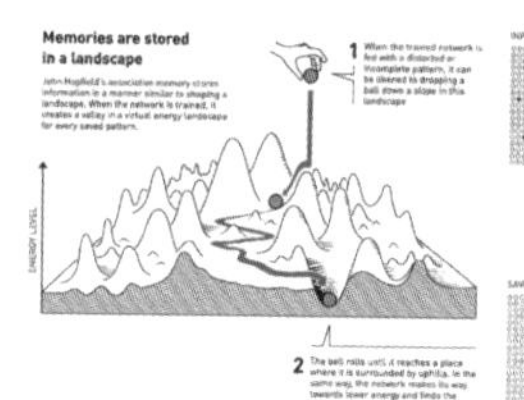

Coming age of artificial neural networks (ANNs)

The neural network was developed in the 20th century but has not yet received the level of attention it deserves

이제 신경 이야기를 조금 해보겠습니다. 신경 세포는 이렇게 다발로 연결돼 있습니다. 신호를 보내는 쪽을 프리시냅스(pre-synapse), 받는 쪽을 포스트시냅스(post-synapse)라고 부릅니다. 이 연결 지점 전체를 시냅스라고 합니다.

이 구조가 계속 이어집니다. 하나의 신경이 다른 신경으로 연결되고, 다시 또 다른 세포로 이어집니다. 이런 연결망 전체가 우리가 말하는 신경망입니다.

시냅스에는 간격이 있습니다. 서로 붙어 있는 게 아닙니다. 대략 30에서 50나노미터 정도 떨어져 있는데, 이

간격을 두고 신호가 전달됩니다.

우리 뇌는 수억 개의 신경세포로 이루어져 있어서 한 지점에서 신호가 시작되면, 그 신호가 연속적으로 전달되면서 결국 하나의 행동 패턴으로 이어집니다. 이 과정을 보고 사람들이 이렇게 생각하게 됩니다. 이걸 하나의 노드로 볼 수 있지 않을까.

그래서 노드라는 개념이 등장합니다. 어떤 지점에서 신호를 강하게 주면 1, 아예 전달되지 않으면 0, 약하게 전달되면 0.7처럼 값을 다르게 주는 방식입니다. 이렇게 전달 강도를 숫자로 표현하고, 각 연결에 가중치를 부여합니다. 이 가중치를 수학적으로 처리한 것이 바로 웨이트 함수입니다.

이 모든 과정을 벡터로 표현하고, 그 벡터들을 연결해 3차원적인 네트워크로 만든 것이 신경망입니다. 아이디어 자체가 굉장히 창의적이지요.

이후에는 다양한 머신러닝 기법들이 등장합니다. 어떤 노드는 서로 연결되고, 어떤 노드는 연결되지 않습니다. 일부는 촘촘하게 연결되고, 일부는 느슨하게 연결됩니다. 연결의 방식과 깊이가 점점 다양해집니다. 모든 노드를 다 연결하는 방식도 나오고, 선택적으로 연결하는 방식도 나옵니다. 이런 구조들을 수학적으로 설계합니다.

비유를 하나 들어보겠습니다. 높은 곳에서 공을 하나 떨어뜨리면, 공은 특정한 경로를 따라 굴러갑니다. 옆에서 보면 그 경로가 비교적 분명하게 보입니다. 그런데 위에서 내려다보면, 처음에는 어디로 굴러갈지 예측하기 어렵습니다. 겉보기에는 랜덤처럼 보입니다.

하지만 알고리즘 안에서는 다릅니다. 입력이 들어오면, 여러 경로 가운데 가중치가 더 높은 방향으로 이동합니다. 노드를 따라 이동하면서, 결국 특정 지점에 도달합니다. 이 경로 자체가 하나의 패턴이 됩니다.

이 과정을 반복해서 학습시킵니다. 아주 많은 데이터를 사용합니다. 더 복잡하게 설명할 수도 있지만, 이 부분은 인공지능을 전공하시는 분들께서는 따로 더 깊이 들으시면 됩니다. 여기서는 이 기술이 바이오 분야에서 어디에 쓰이는지를 중심으로 보시면 충분합니다.

저는 완전한 인공지능 전문가는 아닙니다. 다만 제가

이해한 바로는, 이 방식에는 메모리 기능이 포함돼 있습니다. 아까 말씀드렸던 패스웨이 정보, 즉 경로에 대한 정보가 안에 들어가 있다는 뜻입니다.

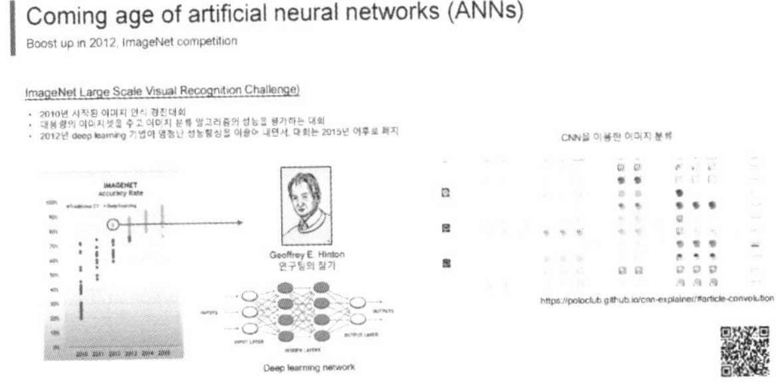

이런 인공 신경망이 가장 많이 쓰였던 분야가 이미지 인식 경진대회였습니다. 예를 들어 이미지 하나가 주어집니다. 컵이라는 이미지입니다. 같은 대상이 여러 형태로 생성됩니다. 어떤 이미지는 컵처럼 보이고, 어떤 이미지는 애매합니다. 이런 차이를 분류하는 알고리즘들이 개발됐습니다.

2012년 무렵, 제프리 힌턴(Geoffrey Hinton)이 딥러닝 네

트워크로 이를 시연합니다. 정확도가 급격히 올라갑니다. 그 결과, 2015년에는 경진대회 자체가 폐지됩니다. 정확도가 너무 높아져 경쟁의 의미가 사라졌기 때문입니다. 단백질 구조 예측 경진대회도 같은 이유로 사라졌습니다. 알고리즘이 이미 성능을 넘어섰습니다.

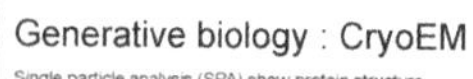

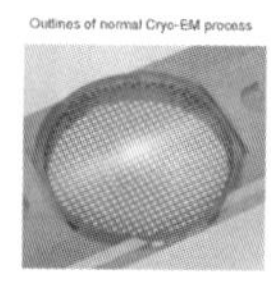
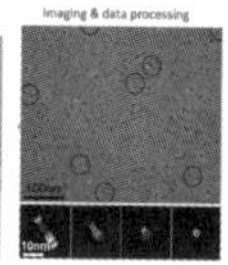
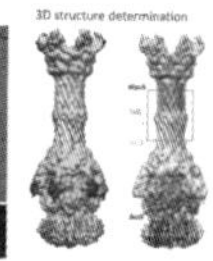

앞으로의 시대에서 필요한 것이 무엇이냐 하면 데이터입니다. 어떤 데이터를 생성할 것인가, 어떤 데이터를 보유할 것인가의 문제입니다. AI시대의 핵심 윤리는, 제 생각에는 유전 정보와 서열 정보입니다. 단백질 서열 정보 역시 여기에 포함됩니다. 여러분 각자도 정보입니다. 유전 정보는 함부로 외부에 제공하면 안 됩니다.

국가 차원에서 유전 정보를 엄격하게 다루는 이유가 여기에 있습니다. 병원에서 샘플을 채취하면 유전 서열을 알 수 있습니다. 연구자는 이를 사용하고 싶어집니다. 이때 여러 단계의 검토와 승인 절차를 거치게 됩니다. 이를 IRB 제도라고 부릅니다. 이 절차를 통과하지 못하면 유전 정보는 연구에 사용할 수 없습니다.

신약 개발을 빠르게 하면 되지 않느냐는 질문이 나옵니다. 규제가 많습니다. 생명과 직결된 정보이기 때문입니다. 반면 단백질의 구조 정보와 서열 정보를 생성하는 일은 상대적으로 자유롭습니다. 크라이오 전자현미경으로 확보된 다양한 구조 정보들을 활용할 수 있습니다.

For learning this AI model, Where datasets come from?

이런 환경에서, AI를 통해 단백질을 디자인하는 기술이 최근에 빠르게 개발되고 있습니다. 저 역시 이 분야를 주전공으로 연구하고 있습니다. 앞에서 설명한 디퓨전 모델을 적용하면, 구조가 있는 상태에서 노이즈를 반복적으로 제거하는 과정이 나타납니다. 그 결과 보이는 점들은 의미 없는 무작위가 아닙니다. 구조적 정보를 담고 있습니다.

다시 돌아가 보면, 이 과정은 알고리즘 안에서 이렇게 작동합니다. 제가 뿌릴 때는 무작위가 아니라, 정확히 패턴화된 상태로 데이터를 뿌립니다. 그걸 다시 돌리면, 그 패턴을 따라 결과가 돌아옵니다.

여기 보이는 그림은 컴퓨터 화면인데, 옆에 단백질이 하나 있고, 그 단백질을 둘러싸는 새로운 단백질을 만들어내는 과정입니다. 이건 애니메이션으로 꾸며낸 게 아니라 실제 데이터입니다. 좌표가 움직이면서 노이징과 디노이징을 거치고, 그 결과로 해당 구조에 맞는 단백질이 생성됩니다. 특정 타깃 단백질을 설정하면, AI 알고리즘 안에서 그에 맞는 단백질이 만들어집니다. 저는 그 결과물을 가지고 바로 테스트를 합니다. 이건 실제 저희 데이터입니

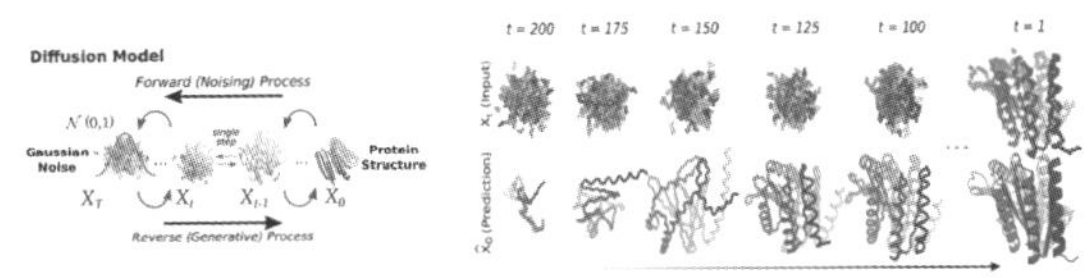

다. 이 부분은 넘어가겠습니다.

이 단백질은 공개할 수 없는, 뇌질환 치료제에서 가장 핵심이 되는 단백질입니다. 이걸 기반으로 투자가 이루어졌고, 이 지점에서 제가 어떤 전공을 하는 사람인지 감이 오실 겁니다. 컴퓨터에서 AI 알고리즘을 이용해 자연에 없던 단백질을 만들고, 그걸 세포와 동물 모델에 적용해 봅니다. 혈관 장벽을 통과해서, 원하는 뇌 병변 부위로 들어가 증상을 완화시키는 방식입니다.

이 기술 하나로 회사를 만들었습니다. 그렇다고 거기서 멈추지는 않습니다. 다른 질환에도 적용할 수 있습니다. 연구실에서는 학생들이 해보고 싶다는 주제를 웬만하면 다 시켜봤습니다. 요즘은 근감소증 억제제, 중독 치료

제 같은 연구도 진행하고 있습니다. 식약처와는 중독 치료
제를, 질병관리청과는 감염병 치료제를 함께 개발하고 있
습니다. RSV, 인플루엔자, 코로나 같은 감염병에 대응하
는 중화 치료제들입니다.

새로운 단백질 구조를 설계하고, 데이터베이스에 쌓
아 두었다가, 상황이 생기면 바로 꺼내 테스트하고 생산까
지 이어지는 방식입니다. 이런 대응이 가능해진 시대입니
다. 현실이 요구하는 연구를 하고 있다는 점에서는 운이
좋은 편이기도 합니다.

다만 이런 이야기를 하면, 꼭 나오는 질문이 있습니
다. 제 전공이 처음부터 이렇게 주목받았느냐는 겁니다.
그렇지 않았습니다. 제가 이걸 처음 시작할 때는, 왜 이런
걸 하느냐는 말을 계속 들었습니다. 저도 왜 하는지 잘 몰
랐던 시기였습니다. 그냥 관심이 있어서 공부했습니다. 한
문학이든, 유학이든, 동양학이든, 왜 하느냐고 물으면 답
은 비슷합니다. 재미있어서 하는 겁니다. 끌리니까 하는
겁니다.

그러다 보니 상황이 바뀌었습니다. 시대가 이 기술을

필요로 하게 된 겁니다. 저는 그냥 만들고 있었는데, 시대가 제게 요청을 하더군요(웃음ᄊ). 그렇게 연결된 겁니다.

앞에서 말한 것처럼, 이 알고리즘은 노이징과 디노이징을 시간 함수로 오가면서 작동합니다. 백본 구조만 놓고 보면, 노이즈가 올라갔다가 다시 정리되는 과정이 보입니다. 이런 구조들을 계속 만들어내는 게 지금 제가 하고 있는 일입니다. 이 설명은 여기까지 하겠습니다.

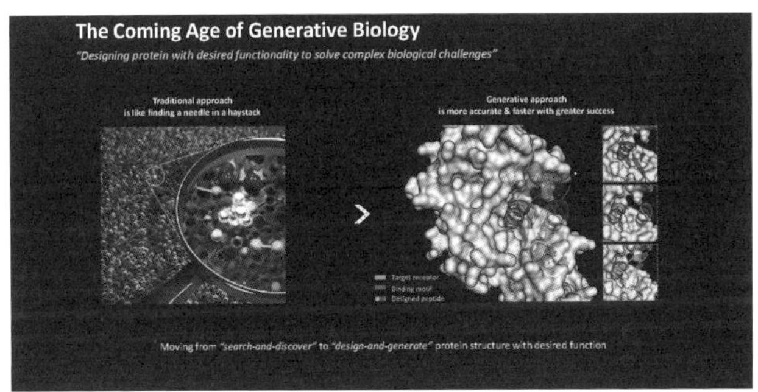

자, 생성형 시대에 들어서면서, 단백질 서열, 즉 유전 정보 자체도 만들어낼 수 있게 됐습니다. 실험이 가능하다면, 자연에 없던 것도 만들 수 있습니다. 이게 왜 중요할까요.

과거에는 약 하나를 만들기 위해 수만 개, 많게는 수십만 개의 물질을 무작위로 뿌렸습니다. 그중에서 반응하는 걸 하나 골라 임상으로 갑니다. 임상 단계에서 독성이 나오면, 수천억에서 조 단위의 비용이 들어간 프로젝트가 바로 중단됩니다. 굉장히 비효율적인 방식입니다.

지금은 다릅니다. 어떤 현상이 왜 일어나는지를 메커니즘 차원에서 이해합니다. 그 메커니즘에 맞춰 물질을 설계합니다. 쓸데없는 걸 많이 만들 필요가 없습니다. 약점을 정확히 알고, 그 지점을 겨냥합니다. 필요한 표적에 맞는 단백질을 만드는 기술입니다.

이전에는 '찾아내는(discover)' 시대였다면, 지금은 '설계하고 생성하는(design and generate)' 시대로 넘어온 겁니다. 단백질을 디자인하고, 생성하면 됩니다. 그게 지금 우리가 들어선 시대입니다.

여기서 하나만 더 말씀드리겠습니다. 오늘 이야기의 끝부분에 해당합니다. 신약 개발 이야기를 하지 않을 수가 없습니다.

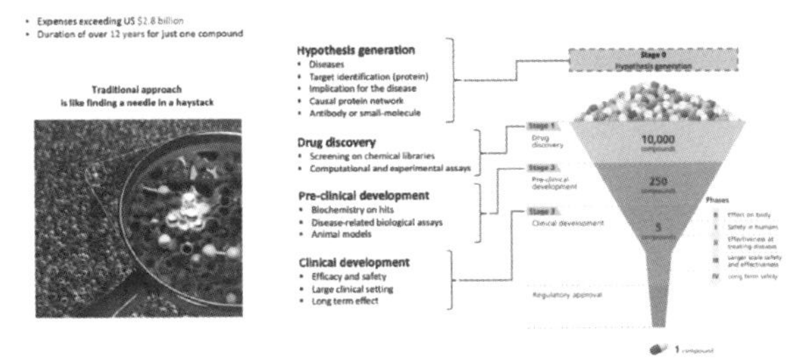

신약을 하나 개발하는 데 걸리는 시간이 얼마나 될까
요? 보통 10년에서 13년 정도 걸린다고 알려져 있습니다.
연구개발 비용은 약 2조 원 수준입니다. 항생제 하나를 예
로 들어보면, 전임상 단계가 있고, 그 단계에서 수많은 물
질들이 나옵니다. 단분자만 해도 만 개 정도 됩니다. 이후
전임상, 임상 1상, 2상, 3상까지 진행됩니다. 이 과정에만
10년이 걸립니다.

약 하나를 개발해 실제로 수익을 내기까지는 약 15년
이 필요합니다. 그런데 여기서 끝이 아닙니다. 그다음에는
마케팅이 시작됩니다. 특허 기간은 보통 25년이기 때문에,
실제로 약을 팔 수 있는 시간은 7~8년 정도에 불과합니

다. 위고비 같은 약도 머지않아 특허가 풀릴 겁니다.

노보노디스크(Novo Nordisk)는 작년에 약 300조 원의 매출을 기록했습니다. 마진율은 약 60% 수준으로 알려져 있습니다. 단일 기업의 성과가 해당 국가 GDP의 상당 부분을 차지하는 수준입니다. 위고비라는 약도 원래는 당뇨병 치료제로 개발하다가, 체중 감소 효과가 관찰되면서 적용이 바뀐 사례입니다. 내년쯤에는 더 강력한 약들이 다른 회사들에서 나올 것으로 예상됩니다. 일라이 릴리 외 몇 개의 기업들이 여기에 포함됩니다. 참고로 저는 주식 투자는 하지 않습니다.(웃음^^)

이 사례가 보여주는 건 분명합니다. 약 하나를 개발하는 데에는 천문학적인 자본과 시간, 그리고 노력이 필요합니다. 앞에서 말씀드린 것처럼, 이 기간을 절반으로 줄일 수 있다면 의미는 매우 큽니다. 비용 측면에서도, 생산성 측면에서도 그렇습니다.

여기서 AI 시대의 핵심이 드러납니다. 생산성과 효율성입니다. 예전처럼 무작정 많은 걸 시도하는 방식이 아니라, 필요한 걸 정확히 겨냥하는 방식으로 이동하고 있습니다. 요즘은 정보를 찾고 정리하는 데에도 AI를 사용합니다. 잘 쓰면 상당히 유용합니다.

AI 모델도 목적에 따라 다르게 사용할 수 있습니다. 어떤 모델은 비판적으로 사고하도록 설계돼 있고, 어떤 모델은 정리와 요약에 특화돼 있습니다. 중요한 건, 내가 원하는 목적에 맞게 도구를 선택하고 활용할 수 있느냐입니다.

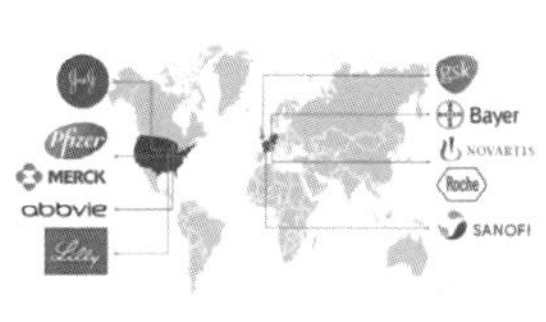

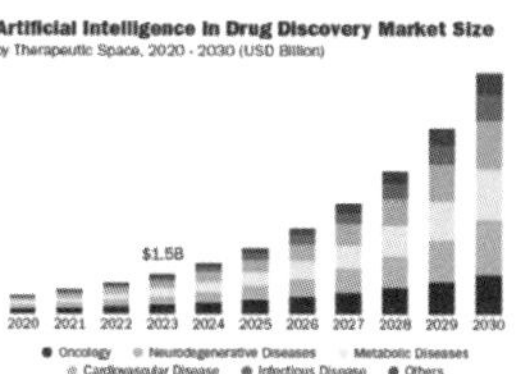

지금 AI 기반 신약 개발 시장 규모는 아직 크지 않습니다. 대략 10억 달러에서 15억 달러 수준으로 추정됩니다. 개인적으로는 향후 10배 이상 성장할 가능성이 있다고 봅니다. 10~15년 뒤에는 신약 개발과 임상 승인 과정에 AI가 핵심 역할을 했다는 소식을 자연스럽게 듣게 될 겁니다.

문제는 속도입니다. 기술 경쟁에서 뒤처지기 시작하면, 격차는 빠르게 벌어집니다. 세계 주요 제약사들은 대부분 미국과 서유럽에 집중돼 있습니다. 반도체나 제조업에서는 우리가 강점을 가지고 있지만, 생명과학 분야에서는 여전히 구조적으로 불리한 위치에 있습니다. 시대에 따라 생명의 가치가 달라지고, 그에 따른 비용과 전략도 함께 달라집니다. 이 변화의 흐름 속에서 어떤 선택을 하느냐가 중요해지고 있습니다.

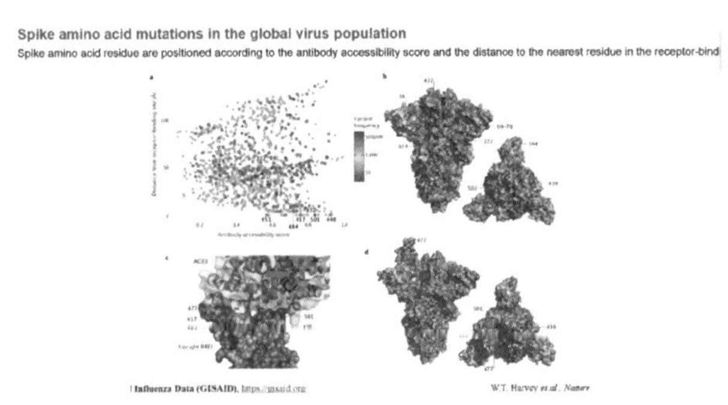

예를 하나 들어 보겠습니다. 코로나 바이러스의 스파이크 단백질입니다. 여기 보이는 점들이 무엇인지 아십니까. 변이입니다. 초록색으로 표시된 변이들이 보이실 겁니다. 이걸 어떻게 알아냈을까요. 딥러닝 알고리즘이 예측한 결과입니다.

변이 서열 정보와 이전 변이 패턴을 학습시킨 뒤, "다음 변이는 어떻게 일어날 것 같으냐"고 물었더니, 알고리즘이 빨간색으로 특정 위치를 제시합니다. 이후 실제로 그 위치에서 변이가 발생했고, 오미크론으로 이어졌습니다. 변이 프로파일을 서열 정보와 함께 학습할 수 있다는 뜻입니다.

이제 할 수 있는 일이 달라집니다. 변이가 일어날 가능성을 미리 파악하고, 그에 대응하는 중화 치료제를 사전에 준비할 수 있습니다. 결국 누가 먼저 준비하느냐의 문제로 넘어갑니다. 이 지점부터는 국가 단위의 경쟁이 됩니다.

이 상황은 무기와 비슷하다고 생각하셔도 됩니다. 다른 나라가 탱크를 수입해 쓰는 동안, 우리는 자체 기술로 탱크를 만들 수 있다면 선택지는 달라집니다. 국내 바이오

시장 점유율 1.6% 가운데 상당 부분이 삼성바이오로직스, SK바이오 같은 기업들의 생산 능력으로 유지되고 있습니다. 대규모 생산 라인이 있다는 점이 기반이 됩니다. 여기에 AI 기술을 결합할 수 있느냐가 관건입니다.

오늘은 기술 설명보다는 맥락을 이야기하고 있습니다. 2023년에 발표된 바이오 유망 기술 목록을 보면, AI 기반 인공 단백질 설계가 분명히 들어가 있습니다. 『Science』 표지에도 등장했습니다. 중요하다는 인식이 공유되고 있다는 뜻입니다.

지금 이 분야에서는 조용한 경쟁이 진행 중입니다. 누가 먼저 가느냐의 문제입니다. 이런 상황에서 흥미로운 발언이 하나 있었습니다. 젠슨 황이 한 컨퍼런스에서 "다음 세대에게 무엇을 가르칠 것이냐"는 질문을 받았습니다. 그는 아이들에게 AI나 코딩을 가르치지 않겠다고 말합니다. 그런 기술은 AI가 알아서 하게 될 것이기 때문이라는 이유였습니다. 대신 휴먼 바이올로지에 대해 이야기합니다.

여기서 말하는 휴먼 바이올로지는 인간의 생물학, 그리고 인간을 이해하는 사고 체계를 가리킵니다. 동양 철학 같은 영역도 포함됩니다. 왜 그렇게 생각하느냐는 질문에, 그는 인간의 뇌가 가진 복잡성은 아직 AI이 따라오기 어렵다고 말합니다.

앞에서 언급했던 고등학생에게 줄 수 있는 답도 여기에 연결됩니다. "네가 AI보다 못하다"는 전제가 아니라, "네가 더 많은 것을 가지고 있다"는 전제입니다. AI에는 감정이 없고, 메타인지가 없고, 전인격적인 사고가 없습니다.

우리가 조심해야 할 지점은 다른 데 있습니다. 만약 AI가 전인격적인 사고를 갖게 된다면, 그때는 상황이 달라질 겁니다. 하지만 지금의 AI는 기능적으로, 물리적으로는 빠르지만 인간의 사고를 대체하는 단계에는 와 있지 않습니다.

앞에서 보셨듯이, 단백질의 3차원 구조를 2차원 좌표로 바꿔서 문제를 푸는 발상 자체는 철학적 질문에서 출발합니다. 왜 그런 질문을 해야 하는지를 먼저 설정해야 합니다. 이 부분은 현재의 AI가 스스로 만들어내기 어렵습니다.

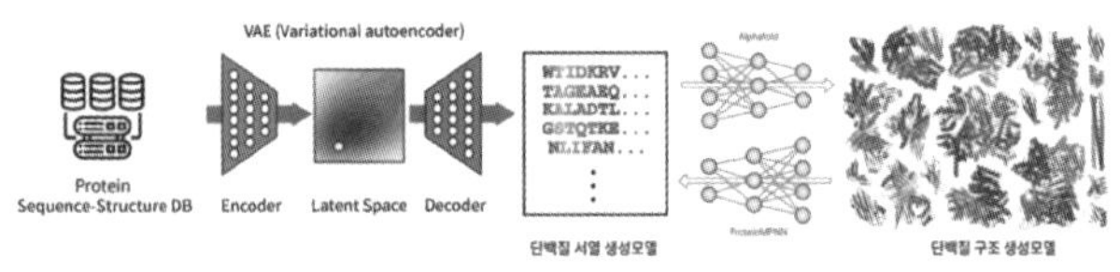

다시 단백질 이야기로 돌아오겠습니다. 단백질 데이터베이스를 기반으로, 새로운 단백질 구조가 만들어집니다. 이런 알고리즘을 생성형 모델이라고 부릅니다.

생성형 모델과 관련해 하나 더 짚어보겠습니다.

메타의 홈페이지에 가보면, 잉크 자국처럼 보이는 그림 하나가 있습니다. 자세히 보면 점들로 구성돼 있습니

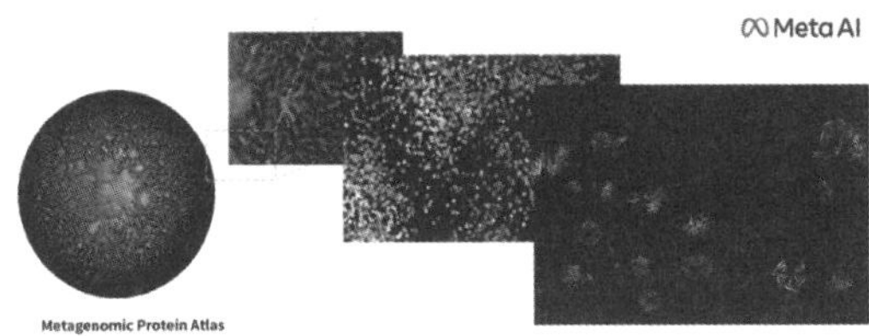

다. 각각의 점은 단백질 구조를 의미합니다. 색이 비슷하면 구조가 유사하고, 거리가 가까우면 발생학적으로 유사하다는 의미입니다.

이렇게 보면, 생성형 모델은 "새로운 단백질을 만들 수 있다"는 사실을 시각적으로 보여주는 도구가 됩니다. 자연에 없던 구조를 생성하고, 그 위치와 관계를 매핑합니다. 이 지점에서 철학적인 질문이 다시 등장합니다.

이렇게 만들어진 단백질, 이렇게 만들어진 유전 정보, 그리고 그것이 인간과 어떤 관계를 맺게 될지에 대한 질문입니다. 이런 질문들은 앞으로 더 고도화된 사고 체계와 윤리 안에서 다시 다뤄질 필요가 있습니다.

7. 생성형 바이오가 여는 생명 설계의 시대

제가 기술 개발을 한다고 해서, 단순히 아웃풋만 내는 일이라고 생각하시면 안 됩니다. 우리가 만드는 기술에는 개인적인 비전이 분명히 들어가 있습니다. 제 이야기를 조금 해야 할 것 같습니다.

솔직히 말씀드리면, 첫째 아이가 태어났을 때 아팠습니다. 유전 질환이었습니다. 단백질 디자인을 전공하고, 미국에 있을 때였는데, 그 시기가 개인적으로 굉장히 힘들었습니다. 왜 이런 일이 나에게 일어났는지 이해할 수가 없었습니다.

한국에 돌아와 교수가 되고 나서도, 단백질 디자인이 바로 신약으로 연결되던 시절은 아니었습니다. 그때부터 마음속에 하나의 방향이 생겼습니다. 희귀 · 난치성 질환, 특히 아이들을 위한 연구개발을 해야겠다는 생각이었습니다. 윤리적인 관점에서도, 제 나름대로는 그 방향이 분명하다고 생각합니다.

그래서 저는 이 기술이 어디로 가야 하느냐고 묻는

    동아시아미래가치연구소 **생명학 CLASS 05**

다면, 생명을 살리는 쪽이라고 말합니다. 파괴적인 방향이 아니라, 생명을 지키는 쪽으로 계속 방향을 잡아줘야 한다고 생각합니다. 그게 제가 이 기술에 대해 스스로 부여한 기준입니다.

우리나라에는 연구는 많지만, 인프라는 충분하지 않습니다. 서울대 어린이병원처럼 중요한 기관이 있음에도, 유전 질환을 가진 아이들 가운데 상당수가 6세 이전에 사망합니다. 뇌질환을 포함한 중추신경계 질환만 해도 수천 종에 이릅니다. 그런데 왜 우리가 이 질환들을 잘 보지 못할까요. 대부분 아주 이른 시기에 사망하기 때문입니다.

지금도 아이들은 태어나고, 병을 겪고, 사망합니다. 우리는 살아남은 쪽에 속해 있을 뿐입니다. 유전 정보는 병원에 그대로 남아 있고, 원인이 밝혀지지 않은 채 다음 세대에서 다시 나타나기도 합니다.

이 지점에서 질문은 단순히 오래 사느냐의 문제가 아닙니다. 왜 이런 유전체를 가지게 되었는지, 왜 이런 질병을 겪게 되는지, 우리의 삶은 무엇이 달라지는지에 대한 질문으로 이어집니다. 사실 저에게는 오래전부터, 단백질 서열이 왜 반드시 이런 구조를 가져야 하는지라는 질문이 가장 큰 관심사였습니다. 한동안은 계속 "왜"라는 질문만 붙잡고 있었습니다.

아이의 질병을 겪고 나서는, 이 질문에 대해 다른 생각이 들었습니다. 모든 것을 이해할 수는 없을지도 모른다는 생각이었습니다. 그렇다면 내가 할 수 있는 일은 무엇일까. AI와 단백질 기술을 통해, 문제가 된 단백질의 기능을 회복시키는 방향으로 가보자는 결론에 이르렀습니다. 그 지점이 제 삶의 방향과 맞닿아 있다고 느꼈습니다.

그렇게 방향을 틀었습니다. 그 과정에서 회사도 만들어졌고, 앞으로는 돈도 벌게 될 겁니다. 벌게 된다면, 다시 학교에 기부하려고 합니다. 새로운 연구 기관을 만들고, 다음 세대를 위한 기반을 만드는 데 쓰고 싶습니다. 국가적으로도 중요한 일이라고 생각합니다. 외부 환경에 대응할 수 있고, 예측 가능성을 높이며, 지속적인 번영으로 이어질 수 있는 방향이기 때문입니다.

그래서 저는 AI를 무서워할 대상으로 보지 않습니다. 생명 현상을 바라보는 관점에서 보면, 대응할 수 있는 도

구라고 생각합니다. 우리의 삶은 더 윤택해질 수 있는 기술적 기반 위에 서 있습니다. 중요한 건, 이 기술을 어떻게 사용할 것인가에 대한 고민입니다.

따라서 저는 아이들에게 단순한 코딩만 가르치면 된다고 생각하지 않습니다. 누차 말씀드리는 건, 생명에 대한 깊은 이해, 화학에 대한 기초적인 사고, 그리고 윤리적·인문학적 소양을 함께 길러줘야 한다는 점입니다. 그런 토대 위에서야, 아까 이야기했던 정말 똑똑한 사람들, 시대를 이끌어가는 사람들이 나올 수 있다고 봅니다.

라이너스 폴링을 다시 떠올려 보셔도 됩니다. 분자의 구조를 규명한 과학자였지만, 그 성과가 그의 삶에서는 반전 운동으로 이어졌고, 결국 세계 평화에 기여하는 방향으로 확장됐습니다. 이런 과학자의 역할이 가능해지는 겁니다.

특히 AI를 다루는 생명과학 분야는, 다른 전공보다 더 철학적이고 윤리적인 기준을 세워야 한다고 생각합니다. 이런 이야기는 사실 다른 자리에서는 잘 하지 않습니다. 이렇게 긴 시간을 들여 이야기할 기회도 많지 않고, 듣기도 쉽지 않습니다. 오늘 이 자리에 계신 분들은 그런 점에서 특별하다고 생각합니다.

아이들에게 인문학적 소양을 심어주고, 사회에 대해 깊이 사고할 수 있는 힘을 길러주는 것, 기술을 배척하거나 AI를 사악한 존재로 보는 것이 아니라, 우리의 미래를 어떻게 더 나은 방향으로 만들어 갈 수 있을지를 함께 고민하는 것, 이런 교육 철학 속에서 의미 있는 결과들이 나올 수 있다고 봅니다.

푸념 하나 덧붙이자면, 저는 아마 노벨상은 못 받을 것 같습니다. 학교에서 일을 너무 많이 시켜서요(웃음^^). 이미 번아웃된 느낌입니다. 그래서 요즘은 농담처럼, 노벨상은 포기했고 치료제나 잘 만들어서 한 사람이라도 더 돕는 게 목표라고 이야기합니다. 돈을 벌게 되면, 다음 세대를 위해 다시 돌려주고 싶습니다.

마지막으로 여담입니다만, 언젠가는 우리 대학에 산책로도 조성하고 우리 문화가 스며든 공간을 만들고 싶습니다. 그 안에 박물관도 세우고, 과학과 철학이 함께 숨 쉬는 환경을 만들어가면 좋겠다는 생각을 합니다.

긴 강의 들어주셔서 감사합니다.

Q&A

🎧 **청중 1**

말씀하신 내용 가운데 근감소와 관련된 부분이 있었습니다. 시대적으로 요구가 많아진 영역이고, 저 역시 개인적으로 필요성을 느끼고 있는 주제이기도 합니다. 말씀 중에, 그 분야가 현재 연구 단계에 들어가 있다고 하셨는데요. 그렇다면 이런 근감소 관련 치료제나 기술이, 제약회사를 통한 개발과 마케팅 과정을 거쳐 실제로 적용되기까지는 대략 어느 정도의 시간이 걸릴 수 있을지 궁금합니다.

🎓 **김용호 선생님**

죄송하지만, 최소 15년 이상은 걸릴 겁니다. 적어도 15년은 필요합니다.

먼저 제가 왜 근감소를 연구해야겠다고 생각했는지부터 말씀드리는 게 좋을 것 같습니다.

저는 운동을 꽤 오래 해왔습니다. 일주일에 두 번은 PT를 받고 있고요. 물론, 더 자주 운동하는 분들은 몸이 확실히 다르죠. 그런데 요즘 특정 회사의 비만치료제, 그리고 현대인의 식생활을 보면, 계속 체중을 줄이는 방향으로 가고 있습니다. 문제는 이 과정에서 체중만 빠지는 게 아니라, 근량이 더 많이 빠진다는 점입니다. 통계적으로 보면 근량이 약 70% 정도까지 줄어듭니다. 그래서 다이어트가 생각보다 위험할 수 있습니다.

이 문제는 65세 이상 인구에서는 임상적으로 잘 드러나지 않습니다. 그래서 더 어렵습니다. 근감소는 단순히 힘을 못 쓰는 데서 끝나지 않습니다. 근력을 쓰지 못하면 무기력해지고, 의지가 떨어지고, 생활 패턴이 바뀝니다. 그 결과로 여러 합병증이 생깁니다.

약을 개발하려면 동물 모델이 필요합니다. 그런데 근

감소에는 적절한 동물 모델이 없습니다. 지금 쓰는 방식은 동물의 다리를 묶어서 움직이지 못하게 하는 방법입니다. 한 달 정도 지나면 근육이 줄어들긴 합니다. 하지만 이건 정확한 생리학적 모델이라고 보기 어렵습니다. 이게 첫 번째 큰 문제입니다.

그럼에도 불구하고 왜 계속 개발해야 하느냐. '근육 소'라 불리는 소가 있는데, 근육이 비정상적으로 발달해 있습니다. 마이오스타틴(myostatin) 변이 때문에 생기는 현상입니다. 그걸 보면서, 특정 단백질을 조절하면 근력이 달라질 수 있겠다는 생각을 하게 됩니다.

실제로 어떤 회사에서는 약을 하나 개발했습니다. 약 덕분에 근력은 생겼지요. 문제는 그 근력이 실제로 힘을 쓰는 근력이 아니라, 즉 에너지를 소비하면서 움직이는 근력이 아니라, 단순히 매스만 늘어나는 근력이었습니다. 결국 원하는 방향은 아니었던 거죠.

그래서 더 깊은 생물학적 이해가 필요하다고 봅니다. 근감소 저해제는 단순한 약물보다는, 우리가 유산균을 먹듯이 생활 속에서 들어갈 수 있는 펩타이드 제제 쪽이 더 현실적일 수 있습니다. 예방의 관점에서 접근하는 겁니다. 이와 관련해서 몇몇 회사들과 이야기를 나누고는 있지만, 우리 연구실에서는 현재 기초 연구만 하고 있습니다.

이게 언제 상용화 될지는 모릅니다. 다만 왜 이 연구를 계속하느냐 하면, 난치성 질환과 연결되기 때문입니다. 제가 유전자 편집을 연구한 이유도 결국 여기에 있습니다. 어린아이들 가운데 MS(다발성 경화증, Multiple Sclerosis)라는 특정 질환을 가진 경우가 있는데, 루게릭병처럼 근육을 거의 쓰지 못합니다. 이 질환은 단순한 근육 문제가 아니라, 중추신경계 질환에서 시작해 결국 근육 문제로 이어집니다.

그래서 이런 질환들은 따로 따로가 아니라, 함께 개발해야 한다고 생각합니다. 학생들에게도 기초부터 차근차근 연구해 보자고 말하고 있습니다. 다행히 근감소 관련 모델을 만드는 교수님이 성균관대 화학과에 계셔서, 그분과 계속 이야기를 나누며 함께 밀어붙이고 있습니다. 빨리 해보자고요.

강의 중에 말씀하신 '새로운 단백질'이라는 것이, 기존에 세상에 없던 단백질이라고 이해했습니다. 그런데 그런 단백질을 만들어서 사용하게 되면, 결국 인체 안으로 들어가게 되는 것 아닙니까? 이때 주입 자체는 가능하다고 하더라도, 그 이후에 지속적으로 효과를 내기 위해서는 인체가 그 단백질을 스스로 만들어내게 되는 구조인지, 아니면 외부에서 계속 공급해야 하는 것인지가 궁금합니다.

아니요, 그렇지는 않습니다. 단백질은 만들어졌다가 다시 사라집니다. 우리 몸에는 단백질을 분해하는 프로테아제(protease)라는 효소들이 굉장히 많습니다. 가장 익숙한 예가 소화 과정에서 작동하는 트립신 같은 효소입니다. 음식을 먹으면 단백질은 대부분 분해됩니다.

RNA도 마찬가지입니다 RNA를 자르는 효소들이 우리 몸 곳곳에 존재합니다. 눈에 보이지 않을 뿐입니다. 이 말은, 제 RNA 유전 정보가 다른 사람에게 그대로 전달되지 않도록 몸이 설계돼 있다는 뜻입니다. 밖으로 나오거나 외부에서 들어오는 순간, 대부분 잘립니다.

따라서 외부에서 단백질이나 RNA를 인위적으로 넣어주면, 처음에는 약효가 나타나다가 시간이 지나면 생분해가 일어나면서 효과가 급격히 떨어집니다. 약을 반복해서 투여하는 이유가 여기에 있습니다. 약효가 떨어질 때 다시 투여해 주는 방식입니다.

이걸 약물동태학이라고 부릅니다. 영어로는 파마코키네틱스(pharmacokinetics), 줄여서 PK라고 합니다. PK를 유지하기 위해 멀티 도즈, 반복 투여를 설계합니다. 위고비가 대표적인 예입니다. 위고비는 펩타이드 제제입니다. 분해가 빨리 일어나지 않도록 여러 가지 화학적 수정을 거쳐 설계돼 있습니다. 그래서 효과를 유지할 수 있습니다. 이런 과정을 거쳐 최근에 제제로 개발된 것입니다.

🎧 청중 3

유전체 DNA 자체를 잘라서 고치는 방식이라면, 아이가 성장하면서 계속 그 상태가 유지돼야 병을 고칠 수 있을

텐데, 방금 말씀하신 방식과는 좀 다른 것 같습니다.

🎓 김용호 선생님

이 질문은 굉장히 핵심적입니다. 학계에서는 이를 '리플레이스먼트 테라피(replacement therapy)', 즉 대체 치료라고 부릅니다. 우리 몸에 특정 기능이 부족하면, 그 기능을 외부에서 계속 보충해 주는 방식입니다.

질병의 원인이 유전자에 있더라도, 실제로 일을 하는 건 단백질입니다. 그래서 단백질을 만들어 주거나, 단백질의 양을 조절하는 접근이 가능합니다. 이걸 레귤레이션이라고 합니다. 단백질의 레벨을 조절하는 겁니다.

유전체를 직접 바꾸는 방식은 위험성이 큽니다. 물론 유전체 자체가 문제여서 기능을 전혀 못 하는 경우에는 유전자 편집이 필요할 수 있습니다. 하지만 모든 질환이 그런 방식으로 해결되지는 않습니다. 어떤 경우에는 mRNA 단계에서 단백질 생산이 떨어져 있는 것뿐입니다. 이럴 때는 부족한 단백질을 빠르게 만들어 주거나, 외부에서 공급해 주는 방식이 훨씬 현실적입니다. 단백질을 넣어

주거나, RNA를 넣어주거나, 접근 방식은 생각보다 단순합니다. 단, 적용할 수 있는 질환과 그렇지 않은 질환이 나뉩니다.

코로나 시기에 겪었던 일도 이와 연결됩니다. 급하게 백신을 개발해야 했고, 그래서 mRNA 백신이 사용됐습니다. DNA가 아니라 mRNA를 선택한 이유는, mRNA가 일시적으로 발현되기 때문입니다. 영구적으로 남지 않습니다.

그 과정에서 예상하지 못한 반응을 겪은 분들도 있었습니다. 몸이 한 번도 경험해 보지 못한 물질이 들어왔기 때문입니다. mRNA뿐 아니라, 이를 전달하기 위해 사용된 지질 나노입자도 새로운 요소였습니다. 반복 접종을 통해 면역 반응이 누적되면서, 이후에는 더 강한 면역 반응이 나타나는 경우도 생길 수 있습니다.

이건 약물 개발에서 항상 겪는 문제입니다. 긴급 상황에서는 사람을 살리는 게 우선입니다. 항체가 없으면 항체를 만들어 줘야 합니다. 그렇게 해서 생존을 확보합니다. 이후에는 몸이 적응합니다. 항체 생성, 면역 조절 같은 과정이 내부적으로 다시 정리됩니다.

그래서 일반적인 약물 개발에서는, 부족하면 올려주고, 과하면 내려주는 조절 구조를 염두에 둡니다. 유전체가 정확하게 특정 지점을 겨냥할 수 있을 때는 유전자 편집을 사용합니다. 그렇지 않고, 생물학적 구조가 너무 복잡한 경우에는 단백질이나 RNA를 이용한 보완 방식이 현실적인 선택이 됩니다.

이런 질문은 저 개인적으로도 계속 품고 있습니다. 왜 아픈 아이가 태어나는가. 저와 제 아내는 건강했는데도 이런 일이 일어났습니다. 이런 사건은 배아 발달 단계에서 발생하는 복제 과정의 작은 오류에서 시작되는 경우가 많습니다. 긴 유전체 서열을 복제하는 과정에서 아주 작은 문제가 생기는 겁니다.

이와 관련해 근친 혼인이나 유전적 다양성이 낮아지는 문제가 왜 위험한지도 설명할 수 있습니다. 구조와 서열의 상관관계가 무너질 가능성이 높아지기 때문입니다. 이 부분은 여전히 많은 연구자가 계속 연구하고 있는 주제입니다.

🎧 **청중 4**

저도 우문 하나를 던져보고 싶습니다. 오늘 선생님 강의를 들으면서, 마치 인간을 도해하고 있다는 느낌을 받았습니다. 그림을 그리듯이, 인간을 해부하고 해석하고 있다는 인상이었습니다. 개인적으로 직접 경험해 본 적은 없지만, 요즘 심리적으로 힘들어하시는 분들이 약을 복용한 뒤에 감정이나 상태가 달라지는 경우를 종종 보게 됩니다. 그런 장면들을 볼 때마다, 그러면 인간의 감정 같은 것들도 과학적으로 도해할 수 있는 대상이 되는 건지, 만약 그렇게 된다면 인문학 역시 새로운 관점에서 다시 이해해야 하는 시대가 오는 건지, 그런 생각이 들었습니다.

이런 질문에 대해, 과학자의 입장에서는 어떻게 보시는지 궁금합니다.

🎓 **김용호 선생님**

이 질문에 대해서는 저도 생각해 본 적이 있습니다. 제 생각을 말씀드려도 될까요.

제가 요즘 상당히 깊게 연구하고 있는 분야가 마약입

니다. 실제로 지금 마약 연구를 하고 있습니다. 국가 차원에서 문제가 되는 메스암페타민, 코카인, 펜타닐 같은 물질들에 대해, 그것들을 중화하는 단백질을 만드는 연구입니다. 중화 단백질을 만들려면, 그 마약 분자가 우리 몸의 어떤 단백질에 결합하는지를 먼저 봐야 합니다.

구조를 들여다보니, 가바(GABA) 리셉터 같은 신경 전달과 관련된 단백질에 결합합니다. 신경 안에서 이온을 조절하는 단백질들입니다. 그 결합 구조를 보고 굉장히 놀랐습니다. 마약이라는 것이, 결국 우리 몸의 신경 전달 물질을 굉장히 정교하게 모사하고 있었습니다.

마약은 도파민의 유사체라고 볼 수 있습니다. 우리가 쇼츠 영상을 보거나 운동을 할 때 도파민이 분비되잖아요. 마약은 그보다 훨씬 강하게, 특정 타깃에 잘 결합하도록 설계된 물질입니다. 그래서 신호가 과도하게 증폭됩니다. 과흥분 상태가 되기도 하고, 반대로 수면 상태로 깊게 빠지게 만들기도 합니다,

이를 보면서 느낀 건, 우리 몸은 정말로 복잡한 시스템이라는 점입니다. 아까 대사 이야기를 했죠. 우리가 무

엇을 먹든 결국 단분자로 분해됩니다. 빵을 먹어도 포도당으로 바뀌고, 그 대사체가 다시 에너지가 되고, 도파민을 만들고, 아미노산을 만들고, 다시 단백질을 만듭니다.

자, 여기서 답이 나옵니다. 변수가 너무 많습니다. DNA, RNA, 단백질만으로 설명할 수 없는 더 복잡한 변수의 세계로 들어간 겁니다. 저는, 마약 같은 극단적인 물질을 제외하고는 인간의 감정이나 사고를 직접적으로 조절하는 건 불가능하다고 생각합니다. 예를 들어, 바깥의 대기 흐름을 내가 조절할 수 없듯이, 뇌 안에서 일어나는 거대한 신경 네트워크의 흐름을 스위치 하나 켜듯이 바꾸는 건 어렵습니다. 갑자기 기분이 좋아지고, 의지가 생기고, 이런 방식으로는 되지 않습니다.

신경 다발의 네트워크를 보면 더 분명해집니다. 제가 재미있게 읽었던 『사이언스』 논문이 하나 있는데, 이런 내용입니다. 발표할 때 유독 긴장하는 사람들을 대상으로 fMRI를 찍어 본 거지요. 말할 때 사고를 담당하는 전두엽 영역과, 감성을 담당하는 영역이 밀접하게 연결돼 있었습니다. 어떤 사람은 사고와 감정이 계속 왔다 갔다 합니다.

그래서 발표 중에 청중의 눈동자만 봐도 감정이 흔들립니다. 실제로 발표하다가 답답하다고 나가버리는 교수님도 계십니다.

반면 어떤 사람들은 사고 영역과 감정 영역을 비교적 분리해서 사용합니다. 이 차이를 실험으로도 확인합니다. 한 집단에게는 짧은 시간 동안 몰아서 공부하게 한 뒤 시험을 보게 하고, 다른 집단에게는 시간을 충분히 주되 밤에는 공부를 못 하게 한 뒤 시험을 보게 합니다. 이후 다시 예고 없이 시험을 보면, 앞의 집단은 성적이 크게 떨어지고, 뒤의 집단은 비교적 유지됩니다.

이건 감정 조절 능력, 사고 조절 능력의 차이입니다. 인간은 자신의 뇌를 어느 정도 훈련을 통해 조절합니다. 발표할 때도 마찬가지입니다. 떨린다고 계속 생각하면 더 떨리지만, 그걸 분리해 훈련하면 달라집니다.

언어도 그렇습니다. 어릴 때 이중 언어를 배운 사람들은 특정 언어 기능이 뇌의 한 영역에 특성화됩니다. 반면 우리는 언어가 분리돼 있어서 계속 번역을 거칩니다. 이런 차이도 뇌의 구조와 사용 방식에서 나옵니다.

이걸 저는 후생유전학이라고 봅니다. 영어로는 에피제네틱스(epigenetics)입니다. 같은 유전자를 가진 쌍둥이라도, 한 명은 암으로 사망하고 한 명은 그렇지 않은 경우가 있습니다. 어떤 사람은 담배를 많이 피워도 암에 걸리지 않고, 어떤 사람은 아무것도 하지 않았는데 폐암에 걸립니다.

환경, 음식, 사고방식도 영향을 줍니다. 우리가 만나는 사람, 사용하는 언어, 말투까지도 포함됩니다. 사투리가 대표적인 예입니다. 결국 비슷한 환경, 비슷한 온도와 습도, 비슷한 사회적 조건 안에서 인간은 영향을 받습니다.

따라서 저는 인간을 로봇처럼 단순하게 조절할 수 있는 존재라고 보지 않습니다. 인간은 수많은 보이지 않는 센서와 복잡한 사고 체계 위에서 계속 형성되어 온 고도의 지성체라고 생각합니다. AI이나 약물로 인간의 감정과 사고 전체를 조절하는 건 불가능하다고 봅니다.

우울증처럼 특정 상태에서 세로토닌을 일시적으로 조절하는 건 가능할 수 있습니다. 하지만 인간 전체의 이성과 판단을 좌우할 수 있을 만큼의 조절은, 그 자체로 변수가 너무 많습니다. 센트럴 도그마만으로 설명되지 않는 영역이 너무 많기 때문입니다.

🎧 청중 5

현장이 아닌 줌(ZOOM)을 통해 들어서 아쉬웠는데, 오늘 강연을 정말 흥미롭게 잘 들었습니다. 선생님께서 굉장히 열정적으로 강연을 해주셔서, 촬영 중인 카메라가 계속 선생님을 따라다니는 모습도 인상적이었습니다. 현장에서 들었으면 더 좋았겠다는 생각이 들었습니다.

사실 '생성형 바이오'라는 개념 자체를 잘 몰랐고, 강연자 소개를 준비하면서 선생님이 어떤 연구를 하시는 분인지 궁금한 점도 많았습니다. 그런데 오늘 강연을 통해 그동안 궁금했던 부분들이 전반적으로 잘 설명되었다는 느낌을 받았습니다.

강연에서 가장 인상 깊었던 부분은, 자연에 존재하지 않았던 새로운 기능의 단백질을 생성하고, 그것을 인간에게 이롭게 사용하는 과정이었습니다. 말 그대로 '창조'라는 표현이 어울린다고 느꼈습니다.

다만 전문 지식이 없는 상태에서 생각해 보면, 생성

형 바이오에서 활용되는 단백질 데이터라는 것이 결국 오랜 시간에 걸친 진화의 결과, 다시 말해 자연이 축적해 온 '성공 사례'들의 집합이라는 생각도 들었습니다. 그런 데이터를 학습한 AI가 새로운 구조나 기능의 단백질을 만들어낸다고 할 때, 이것이 기존 데이터의 한계를 넘어서는 창의적인 생성이라고 볼 수 있는지, 아니면 기존 데이터를 바탕으로 한 변형이나 조합의 수준에 머무르는 것인지가 궁금합니다.

🎓 김용호 선생님

제가 받은 질문 가운데에서도 가장 고차원적인 질문 중 하나라고 생각합니다. 만약 학생이 이런 질문을 했다면, 저는 A+를 줬을 것 같습니다. 솔직히 말씀드리면, 저도 답을 모릅니다.

이게 우리가 이미 존재하고 있던 영역을 아직 발견하지 못했을 뿐인 건지, 아니면 지금 우리가 새로운 영역을 만들어내고 있는 건지, 그 지점이 굉장히 어렵습니다. 이와 관련된 분야 가운데 하나가 통계역학(statistical mechanics)

입니다.

통계역학에서는 이런 식으로 생각합니다. 예를 들어 반도체를 보면, 낮은 에너지 상태와 높은 에너지 상태가 있고, 그사이에 많은 개체가 분포해 있습니다. 어떤 하나가 들뜨면 다시 내려옵니다. 전체적으로 보면, 하나의 상태에 1이 있고, 다른 상태에는 99,999가 있는 식의 분포가 나타납니다. 이런 현상을 통계적으로 다루는 게 통계역학입니다.

이걸 단백질 구조에 적용해 보면, 단백질은 가만히 있는 게 아닙니다. 계속 진동하고 움직입니다. 상태 공간(state space)이 끊임없이 바뀌고 있습니다. 그런데 우리가 구조를 관찰할 때는 어떻게 하느냐 하면, 확률적으로 가장 많이 나타나는 상태를 보게 됩니다. 다시 말해, 에너지적으로 가장 안정한 구조만 보고 있는 겁니다.

실제로는 여러 상태가 존재하지만, 우리는 하나만 보고 있었을 수도 있습니다. 사람도 마찬가지입니다. 사진을 찍으면 한 순간만 보이지만, 실제로는 계속 움직이고 있죠. 단백질도 비슷합니다. 그래서 확률적으로 보면, 서열의 다양성이나 구조의 다양성 역시 자연에 존재했지만 우리가 보지 못했을 가능성도 있습니다.

열역학적 안정도 때문입니다. 우리가 모든 걸 센싱할 수 있다면 좋겠지만, 인간은 빛에 반응하는 것만 인식합니다. 그 외의 영역은 보지 못합니다. 투명 인간을 상상하는 것과 비슷합니다.

반대로, 통계역학적으로 계산해 보면, 우리가 관찰한 단백질 구조가 이미 99.99%에 가깝다는 주장도 있습니다. 즉, 볼 수 있는 건 거의 다 봤다는 이야기입니다. 그럼에도 불구하고, 새로운 구조를 만들어 보면 실제로 존재하는 경우가 나옵니다.

이쯤에서 다시 고민하게 됩니다. 이게 정말 불가능한 영역이었을까? 가능하다고도 볼 수 있습니다. 예를 들면, 난치성 질환을 가진 아이들이 어릴 때 대부분 사망하기 때문에, 우리는 그 사례들을 충분히 보지 못했습니다. 없었던 게 아니라, 관찰되지 않았던 거죠.

단백질도 비슷할 수 있습니다. 여러 변이가 존재했지만, 생체 기능상 필요하지 않아서 사라졌고, 아주 중요한 기능만 남았을 가능성도 있습니다. 생성형 모델은 이런 선택 과정을 거치지 않고, 가능한 구조를 전부 만들어 봅니다. 그중에는 존재 가능한 것도 있고, 그렇지 않은 것도 있습니다.

그 범위가 우리가 이미 보지 못했던 0.1%의 영역인지, 전혀 새로운 영역인지, 아니면 사실은 더 많은 영역이 있었는데 우리가 일부만 보고 있었는지, 이 질문에 대해서는 저도 답을 모르겠습니다. 제가 그 지점까지 가본 적이 없기 때문입니다.

이 질문은 어쩌면 천국이 있느냐 없느냐 같은 질문과도 닮아 있습니다. 다만 하나는 분명히 말씀드릴 수 있습니다. 통계역학적 계산에 따르면, 현재까지 알려진 단백질 구조는 이미 상당 부분, 체감으로는 90% 이상을 차지하고 있습니다.

더 존재할 가능성은 있습니다. 다만 인간의 생체 기능에 직접 관여하는 단백질은 그 범위를 크게 벗어나지 않을 가능성도 큽니다. 만약 그걸 하나 더 발견한다면, 아마 『Science』에 실릴 일일 겁니다.

지금 단계에서 보면, 인간의 지식과 과학, 그리고 AI 기술은 어느 정도 포화된 상태에 와 있는 것처럼 보이기도 합니다. 언어도 그렇고, 기술도 그렇습니다. 올라갔다가 정체되고, 다시 양자 도약을 하는 과정을 반복해 왔습니다.

그래서 저는 이 질문에 대해, 지금 단계에서는 "모르겠다"고 답하는 게 가장 정직한 답이라고 생각합니다. 현재 우리가 가진 기술과 과학적 지식으로 보면, 상당 부분은 이미 봤을 가능성이 큽니다. 다만 생성형 모델이 만들어내는 구조 가운데 일부는, 자연에 존재하지 않았던 것일 가능성도 분명히 있다고 생각합니다.

🎧 청중 6

올해 생리의학상 수상자들을 보면, T세포 관련 연구자들, 특히 사카구치 시몬(Shimon Sakaguchi)을 비롯한 연구자들이 포함돼 있습니다. 지금 이 시점에서 T세포 연구자들에게 노벨상이 주어졌다는 점에는 분명한 의미가 있을 것 같은데, 그 부분에 대해서는 어떻게 보시는지 궁금합니다.

🎓 김용호 선생님

그 부분은 CAR-T라고 불리는 기술과 직접적으로 연결됩니다. 이 기술이 무엇이냐 하면, 면역세포인 T세포를 이용한 표적 세포 치료 기술입니다.

저는 단백질을 인체에 적용하는 연구를 하다 보니, 면역학도 함께 공부하게 되었습니다. 이전에는 깊이 다뤄보지 않았던 분야였지만, 연구를 진행하면서 반드시 이해해야 했습니다. 그 과정에서 알게 된 기술이 바로 CAR-T입니다.

암세포는 위장을 합니다. 정상 세포처럼 보이도록 특정 단백질을 만들어냅니다. 원래 T세포는 암세포나 외부 물질을 인지하면 제거하는 역할을 합니다. 그런데 암세포가 정상 세포처럼 위장하면, T세포가 이를 인지하지 못하고 지나가게 됩니다.

그래서 환자의 몸에서 T세포를 분리합니다. 그 T세포에 특정 암세포를 인지할 수 있는 단백질을 인위적으로 발현시켜 줍니다. 이렇게 조작된 T세포를 다시 정맥 주사로 몸에 넣으면, 그 T세포가 체내를 돌면서 암세포를 찾아가 제거합니다. 이게 표적 세포 치료제, 즉 CAR-T 기술입니다.

이 치료는 비용이 매우 높습니다. 병원마다 다르지만, 수억 원 단위의 비용이 드는 것으로 알려져 있습니다. 그럼에도 불구하고 이 기술의 근간을 만든 것은, T세포의 역할을 근본적으로 규명한 연구들이었습니다. 그런 맥락에서 보면, 이 시점에 T세포 연구가 노벨상으로 조명된 이유는 분명히 있다고 생각합니다.

이 지점에서 윤리적인 문제로 넘어가게 됩니다.

제가 만든 회사의 대표와도 자주 나누는 이야기인데, 지금 사회는 사회경제적 불균등이 극단으로 가고 있습니다. 가진 사람과 그렇지 않은 사람 사이의 격차는 이미 병적인 수준에 도달한 사회도 있습니다.

역사를 보면, 이런 상황에서는 반드시 한 번은 구조적인 전환이 일어났습니다. 시민혁명 같은 사건들이 그렇습니다. 자본이 한쪽에 극단적으로 쏠리면, 결국 사회는 불안정해집니다. 돈이 있으면 오래 살고, 돈이 없으면 죽는 사회로 가는 것은 매우 불합리합니다.

국가가 이 문제를 조정하려고 하지만, 국가 역시 부채 한계에 도달하게 됩니다. 그래서 저는 윤리적 기준이 분명한 과학자와 책임 있는 위정자가 의료 시스템을 다시 설계해야 한다고 생각합니다. 부자에게는 더 많이 부담하게 하고, 그렇지 않은 사람들에게는 접근성을 높이는 구조입니다. 이건 공산주의 철학의 문제가 아니라, 사회경제적 균형의 문제입니다.

기업 역시 영원히 독점할 수는 없습니다. 시대가 바뀌면 무너지고, 다른 기업이 등장합니다. 사회도 마찬가지로 그 영향을 받게 됩니다. 저는 그 변화의 지점에서 앞에서는 역할을 하고 싶습니다.

그래서 유전자 치료제처럼 극도로 비싼 약보다, 의도적으로 수가를 낮추는 방향을 선택하려고 합니다. 개발자가 가격을 낮추겠다고 하면, 그걸 막을 이유는 없습니다. 접근 가능한 가격으로 만드는 것이 목표입니다.

이런 생각은 단순하지 않습니다. 저 스스로도 다소 급진적일 수 있다고 느낍니다. 다만 미국 사회를 보면, 부의 분배가 비교적 잘 작동하는 방식 가운데 하나가 기부

문화입니다. 제도와 세금 시스템을 통해, 자산을 사회로 환원하도록 만듭니다.

제가 CAR-T 임상을 처음 시작한 곳이 펜실베이니아대학교였습니다. 미국 내 어린이 병원 가운데 최고 수준의 기관입니다. 이곳에서는 수조 원 단위의 기부가 드물지 않습니다. 중요한 점은, 이들이 단순한 기부 형태가 아니라 계약을 한다는 겁니다. 기술에서 파생되는 지분을 일정 비율로 공유하는 구조입니다.

의과대학의 이름이 기부자의 이름으로 바뀌는 일도 생깁니다. 이건 단순한 명예 문제가 아니라, 브랜드와 시스템 전체를 바꾸는 일입니다. 2조를 투자해 20년 뒤 40조의 가치를 만드는 구조를 설계합니다.

우리 사회에서 가장 부족한 부분 중 하나는, 부의 재균형에 대한 철학적 고민이라고 생각합니다. 저 같은 사람은 무엇을 해야 하느냐 하면, 말이 아니라 실행을 보여주는 일이라고 봅니다.

예를 들어 제가 1천억을 벌었다고 가정해 봅시다. 그 중 900억을 학교에 내놓습니다. 물론 공짜는 아닙니다. 합법적인 절차를 거치고, 조건을 설정합니다. 건물을 짓고, 기술 지분을 나누고, 자산을 다시 키워 재투자합니다. 그 결과가 다시 교육, 학교, 어린이 병원으로 돌아가게 만드는 구조입니다.

제가 유한양행의 투자를 받은 이유도 여기에 있습니다. 유일한 박사의 정신 때문입니다. 여러 투자 제안이 있었지만, 그 철학을 가장 높이 평가했습니다. 그 정신은 지금도 전승되고 있다고 생각합니다.

제가 도덕적으로 특별해서 이런 선택을 하는 건 아닙니다. 교육받은 사람으로서, 사회적 책임을 가진 사람으로서 생각해 보면 답은 비교적 분명했습니다. 돈을 넣고 돈을 빼는 방식의 투자보다는, 다른 길을 선택하고 싶었습니다.

그래서 그 방향을 택했고, 많은 도움을 받았습니다. 성균관대학교가 자랑스러운 이유도 여기에 있습니다. 다른 학교에는 없는, 철학적으로 깊은 뿌리가 있다고 생각합니다.

🎧 청중 7

사실 인문학자나 과학사 전공자들 사이에서는, 유전자 관런 강의나 기술이 처음 등장했을 때 상당한 우려가 있었습니다. 아마 교수님도 잘 알고 계실 겁니다. "우리는 어떤 세상으로 가게 될 것인가"라는 질문이었죠. 그런데 지금 보면, 관련 연구들이 노벨상을 받을 정도로 인정받고 있고, 기술도 비교적 긍정적인 방향으로 활용되고 있는 것처럼 보입니다. 그런 점에서 한 가지가 궁금해졌습니다.

제가 들은 바로는, 태아 단계에서 유전자 검사를 통해 문제가 발견될 경우, 태아일 때 수술이나 개입이 가능한 기술이 있다는 이야기도 있었습니다. 이런 유전자 기반의 태아 치료나 개입 기술이 현재 우리나라에서도 실제로 사용되고 있는지, 아니면 법적·윤리적 문제로 제한되어 있는지 궁금합니다.

🎓 김용호 선생님

법적인 문제는 굉장히 심각합니다. 단순히 조심해야 하는 수준이 아니라, 현재 인간에게 유전자 가위를 직접 사용하는 임상은 극히 제한되어 있습니다. 과거 국내에서 문제가 되었던 사례도 있었고, 그에 따른 법적 책임과 사회적 파장이 컸습니다.

과학 윤리가 비교적 잘 정립된 나라에서는, 기술을 실제로 적용하기 시작하는 단계부터 그 파급 효과와 윤리적 문제를 매우 엄격하게 검토합니다. 그래서 임상적으로 쉽게 접근하지 못하는 상황입니다.

또 하나 중요한 점은, 유전자 편집 기술의 기원이 미생물이라는 사실입니다. 미생물에서 온 시스템을 인간에게 적용하는 순간, 강한 면역 반응이 일어날 가능성이 큽니다. 이 때문에 임상적으로 기술적 장벽이 매우 높습니다.

개인적으로는 한때 낙관적으로 보기도 했습니다. 하지만 지금은 생각이 많이 달라졌습니다. '자르는' 기술로 바로 가기보다는, 자르지 않고 결합하거나 조절하는 방향의 기술로 넘어가야 한다고 봅니다.

현재 연구실에서도 이런 논의를 계속하고 있습니다. 노벨상을 받고 주목을 받았지만, 실제로 적용하려고 하면 아직은 쉽지 않습니다. 그래서 지금 단계에서는 낙관적이지 않습니다. 시간이 오래 걸릴 문제입니다. 다만 과도한 공포를 가질 필요는 없다고 생각합니다.

마지막으로 한 가지 부탁의 말씀을 드리고 싶습니다. 가능하다면, 앞으로도 이런 자리가 자주 이어졌으면 합니다.

제가 자연과학 캠퍼스에 있으면서 늘 느끼는 점이 하나 있습니다. 다시 말씀드리지만, 인문학적 소양이 많이 부족합니다. 이건 개인의 문제가 아니라 구조의 문제라고 생각합니다. 기술은 충분히 갖추고 있는데, 좋은 CTO나 CEO가 잘 나오지 않는 이유 가운데 하나도 여기에 있다고 봅니다. 기업을 경영할 때 필요한 철학, 사람을 대하는 태도, 사회 변화를 읽는 시선, 그리고 위기 상황에서의 판단력은 기술만으로는 만들어지지 않습니다.

저는 회사를 운영하면서, 제 전공이 아님에도 불구하고 환율, 경제 흐름, 국제 정세 같은 것들을 공부하고, 책을 읽고, 계속 준비하려고 노력합니다. 이런 인문학적 소양이 결국 리스크를 관리하고 미래를 내다보는 힘이 된다고 믿기 때문입니다. 그런데 많은 경우, 그런 준비가 부족합니다. 이유는 단순합니다. 제대로 배워본 적이 없기 때문입니다. 중요하다고 배운 적도, 강조된 적도 많지 않았습니다.

　　그래서 제 개인적인 바람이 하나 있습니다. 학과가 리노베이션을 하거나, 20주년 같은 행사를 준비할 때, 이 공계 포럼만이 아니라 인문학 강연도 함께 열렸으면 좋겠습니다. 학생들에게 지금 가장 필요한 지식은, 기술 위에 올라갈 수 있는 사고의 깊이라고 생각합니다.

　　한편, 인문사회과학 캠퍼스를 보면서는, 과학적 사고력이나 기술에 대한 이해가 조금 더 보완되면 좋겠다는 생각도 합니다. 예전에 제가 「화학과 생명 현상」이라는 수업을 인문계 학생들에게 가르친 적이 있는데, 예정된 강의 시간이 한 시간 반이었음에도 불구하고 질문이 너무 많아서 세 시간을 넘겨서 강의하고 돌아온 기억이 있습니다. 그만큼 서로에 대한 갈증이 있다는 뜻이라고 느꼈습니다. 결국 교류가 필요합니다.

　　좋은 인재는 단순한 커리큘럼으로 만들어지지 않습니다. 융복합 인재라는 말도 이제는 구호가 아니라, 문화 속에서 자연스럽게 형성돼야 한다고 생각합니다. 서로 자주 만나고, 서로의 언어로 질문하고, 다른 사고방식을 익히는 환경이 필요합니다.

오늘 이 자리가 그런 출발점이 되었으면 합니다.

앞으로도 이런 교류가 계속 이어지기를 바라며, 긴 시간 함께해 주셔서 진심으로 감사드립니다.

감사합니다.

동아시아미래가치연구소
생명학 CLASS 05

생성형 바이오의 시대: 인공지능과 생명

1판 1쇄 인쇄 2026년 2월 20일
1판 1쇄 발행 2026년 2월 27일

지은이   김용호
기획   동아시아미래가치연구소
정리   김영죽·박이진
교정   마현민
펴낸이   유지범
책임편집   구남희
편집   신철호·현상철
외주디자인 심심거리프레스
마케팅   박정수·김지현

펴낸곳   성균관대학교 출판부
등록   1975년 5월 21일 제1975-9호
주소   03063 서울특별시 종로구 성균관로 25-2
전화   02)760-1253~4
팩스   02)760-7452
홈페이지   http://press.skku.edu/

ISBN 979-11-5550-701-8 94040
     979-11-5550-664-6 94040(세트)

잘못된 책은 구입한 곳에서 교환해 드립니다.